AF558438

URBAN SKETCHING

ZEICHNEN IN DER STADT

Übersetzung: Elvira Willems
Lektorat: Barbara Lauer, Bonn
Copy-Editing: Miriam Metsch
Satz: Petra Strauch, Bonn
Herstellung: Susanne Bröckelmann
Umschlaggestaltung: Nancy Aprile

Bibliografische Information der Deutschen Nationalbibliothek.
Die Deutsche Nationalbibliothek verzeichnet diese Publikation in der Deutschen Nationalbibliografie; detaillierte bibliografische Daten sind im Internet über http://dnb.d-nb.de abrufbar.

ISBN 978-3-86490-287-1
1. Auflage 2015

Wieblinger Weg 17, 69123 Heidelberg

Title of American original: The Urban Sketching Handbook – Architecture and Cityscapes
Published by Quarry Books, a member of Quarto Publishing Group USA Inc.
ISBN: 978-1-59253-961-1

5 4 3 2 1

URBAN
SKETCHING

ZEICHNEN IN DER STADT

Architektur und Stadtlandschaften

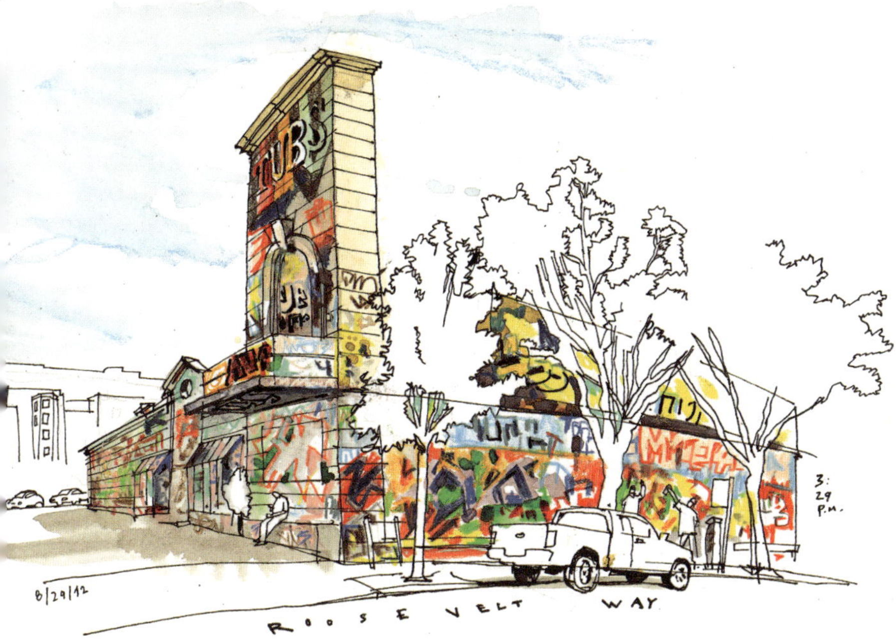

GABRIEL
CAMPANARIO

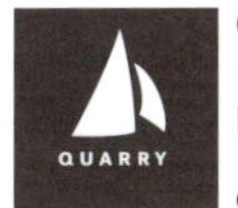

Quarry Books
100 Cummings Center, Suite 406L
Beverly, MA 01915
quarrybooks.com • www.craftside.net

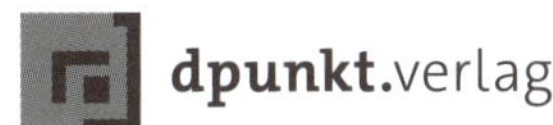

Urban Sketching

Das Urban Sketching ist ein simples und leicht zugängliches Hobby. Mehr als Stift und Papier braucht man nicht, um die eigene Stadt oder das eigene Viertel festzuhalten.

Kaum begeben Sie sich mit dem Stift in der Hand nach draußen, sind Sie auch schon mit den vielfältigen Aspekten des Urban Sketching konfrontiert: Wie zeichne ich Menschen, die sich dauernd bewegen? Muss ich jeden einzelnen Backstein abbilden? Was mache ich mit meinen fertigen Zeichnungen?

Ob Sie ein erfahrener Zeichner sind oder gerade erst anfangen, Sie finden hier grundlegende Tipps, die Ihnen nützlich sein werden, sooft Sie Ihr Skizzenbuch aufschlagen.

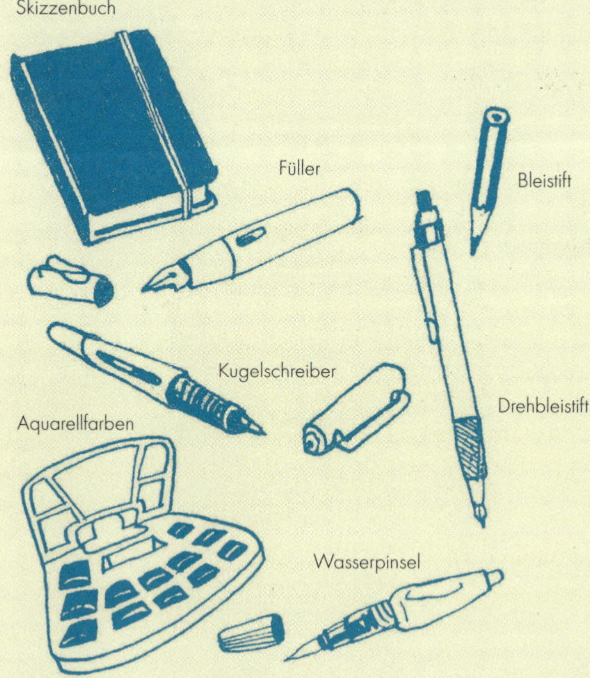

INHALT

➲ Was Sie alles entdecken werden! Das Beste am Urban Sketching ist, dass Sie über Stadtansichten stolpern, von denen Sie bislang nichts geahnt haben.

Treppe an der Blaine Street, Seattle

24,5 x 34 cm; Füller Lamy Safari, schwarze Tinte Noodler's und Aquarellfarben Daniel Smith; ca. 1 Stunde

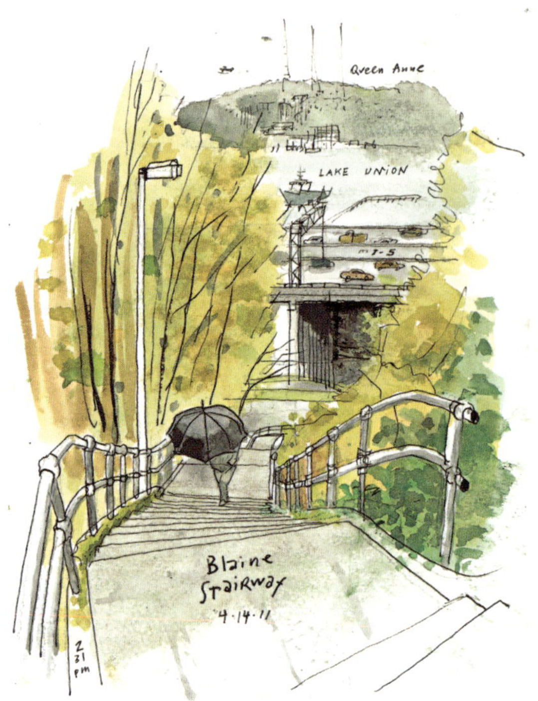

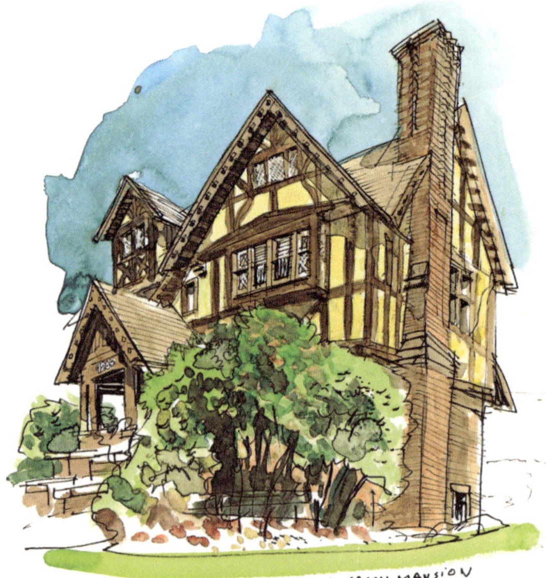

➲ Betrachen Sie das Skizzieren von Gebäuden, besonders von alten, als Zeitreise. Ich stelle mir gern das Leben der ursprünglichen Bewohner vor.

Stimson-Green Mansion, Seattle

22 x 25 cm; Füller Lamy Safari, schwarze Tinte Noodler's und Aquarellfarben Daniel Smith; ca. 1 Stunde

EINLEITUNG

Nicht jede Stadt besitzt Art-déco-Wolkenkratzer oder jahrhundertealte Kirchen, doch überall gibt es Gebäude – große und kleine, alte und neue, opulente und zweckmäßige –, die dem Urban Sketcher vielfältige Motive bieten.

Gebäude spiegeln die Geschichte, die Geografie, das Klima und den Lebensstil der Kulturen wider, die sie errichtet haben. Im Südwesten Spaniens, wo meine Familie herstammt, bilden weißgetünchte Häuser sonnendurchflutete Stadtlandschaften. In Seattle, wo ich jetzt lebe, repräsentieren Hausboote die maritime Geschichte der Gegend. In New York symbolisieren hoch aufragende Wolkenkratzer den Ehrgeiz Amerikas. Wir übersehen leicht, wie vielfältig die Gebäude und Plätze sind, die wir bewohnen, und wie sehr sie sich von Stadt zu Stadt, von Land zu Land unterscheiden. Von Häusern, Wohnungen und Einkaufszentren bis hin zu öffentlichen Gebäuden und Gotteshäusern, die baulichen Strukturen, die Menschen im Laufe der Jahrhunderte geschaffen haben – um Schutz zu finden oder Handel zu treiben, ob für Industrie, Verkehr oder Erholung –, sind faszinierende Studien- und Zeichenmotive.

Ich möchte Ihnen hier einige *Schlüssel* an die Hand geben, mit deren Hilfe das Zeichen von Architektur und Stadtansichten zu einer kurzweiligen und lohnenden Erfahrung wird. Diese Schlüssel – Komposition, Tiefe, Maßstab, Kontrast, Linie und Kreativität – sind mein persönlicher Kompass. Ich lege großen Wert auf Komposition und richtige Proportionen. Mein Strich soll Gefühle vermitteln, und ob ich Farbe einsetze oder nicht, bemühe ich mich immer darum, dass meine Skizzen kontrastierende Tonwerte haben und eine gewisse räumliche Tiefe. Wenn es mir gelingt, all das mit einem ansatzweise persönlichen Stil zu verbinden, schätze ich mich glücklich.

Bei dem Begriff Architektur fallen Ihnen womöglich Blaupausen und akribisch gezeichnete Grundrisse ein, doch das Zeichnen von Architektur ist keine exakte Wissenschaft, sondern ein netter Zeitvertreib! Meine Tipps sollen Ihnen helfen, eine eigene künstlerische Handschrift zu entwickeln, egal auf welchem zeichnerischen Niveau Sie heute sind.

Ich will Sie inspirieren, mehr Stadtlandschaften zu zeichnen, doch ich will Sie auch anregen, Ihrer unmittelbaren Umgebung mehr Aufmerksamkeit zu schenken.

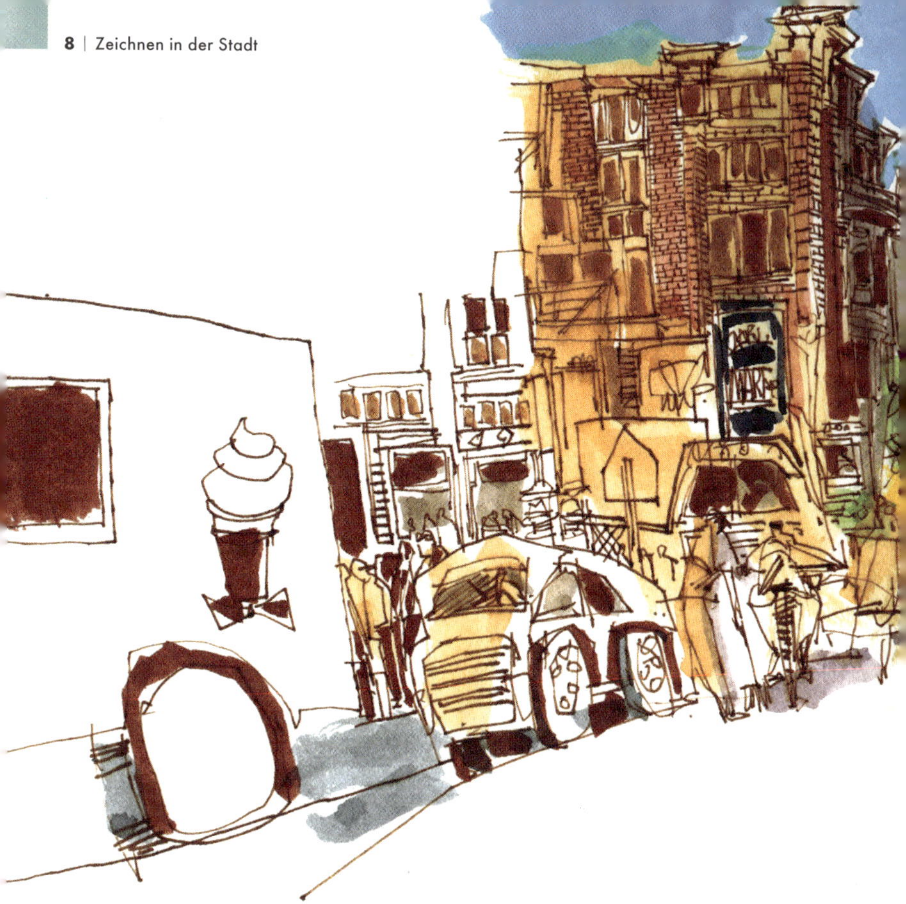

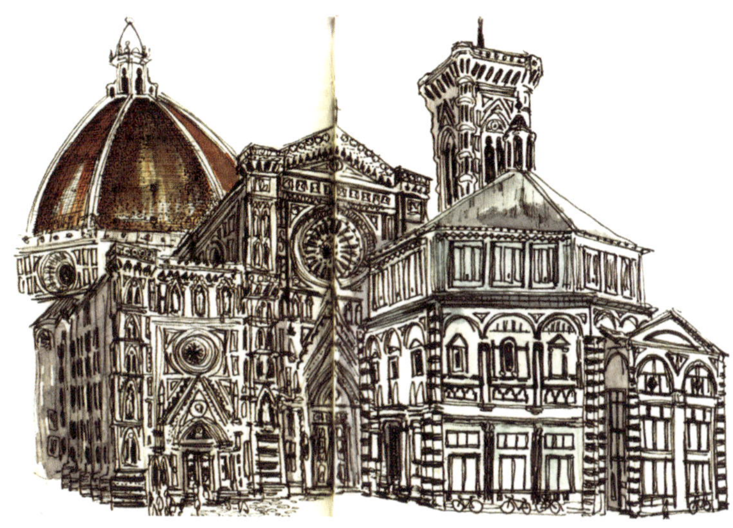

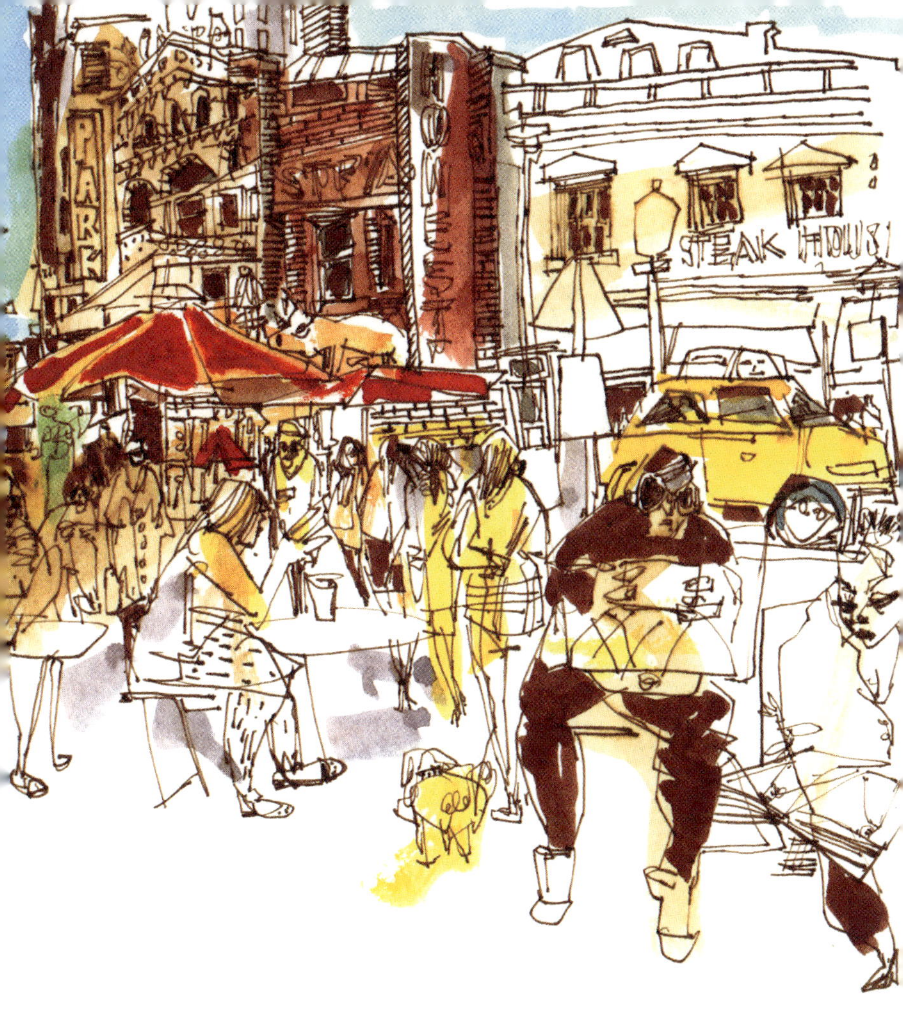

Stellen Sie sich ein Gebäude als Stillleben auf einem Tisch vor, auf Armeslänge entfernt. So packen Sie selbst größere Strukturen mühelos.

MURRAY DEWHURST
Kathedrale von Florenz

38 × 19 cm; Aquarellfarben Sennelier in halben Näpfchen, Pigment-Liner 0.5 Staedtler in Skizzenbuch Hahnemühle; 1,5 Stunden

Wenn man Architektur als Kulisse des städtischen Lebens betrachtet, ist das Zeichnen nicht mehr so einschüchternd.

MELANIE REIM
Straßenmarkt, Chelsea

40 x 20 cm; Aquarellfarben Schmincke und Füller Pelikan M200 mit sepiafarbener Tinte Noodler's in Studio-Skizzenbuch Cachet; 30 Minuten

HIER IST PLATZ FUER IHRE SKIZZE!

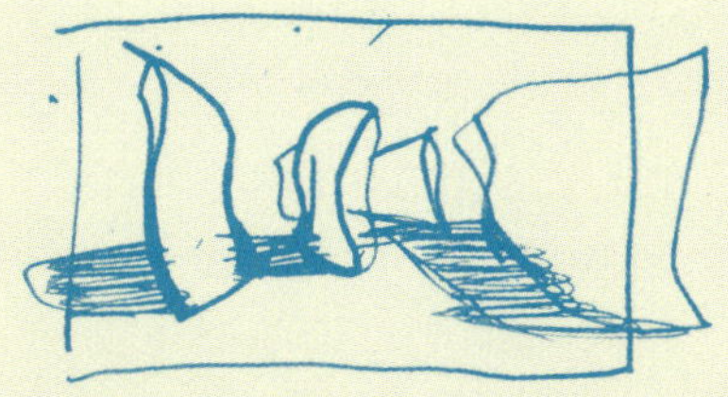

SCHLÜSSEL I
KOMPOSITION

Der Verkehr brummt, Menschen eilen hin und her, und Sie sind mit Ihrem Skizzenbuch mittendrin, denn sie wollen das historische Gebäude an der Ecke zeichnen. Wo fangen Sie an?

Als Erstes sollten Sie sich bemühen, die Komposition richtig hinzubekommen. Sie können schraffieren, aquarellieren oder sich anderweitig kreativ austoben, eine schlecht komponierte Skizze retten Sie damit nicht. Doch nicht nur das; wenn Sie beim Skizzieren einen langweiligen Standpunkt gewählt haben, führt kein Weg zurück. Ich finde es schrecklich, wenn ich erst nach dem Kolorieren merke, dass mein Blickwinkel schlecht gewählt war.

Eine gut komponierte Szene besitzt Balance und Vollständigkeit. Jedes Teil ist am richtigen Platz. Verändern Sie eines, geht die Harmonie verloren.

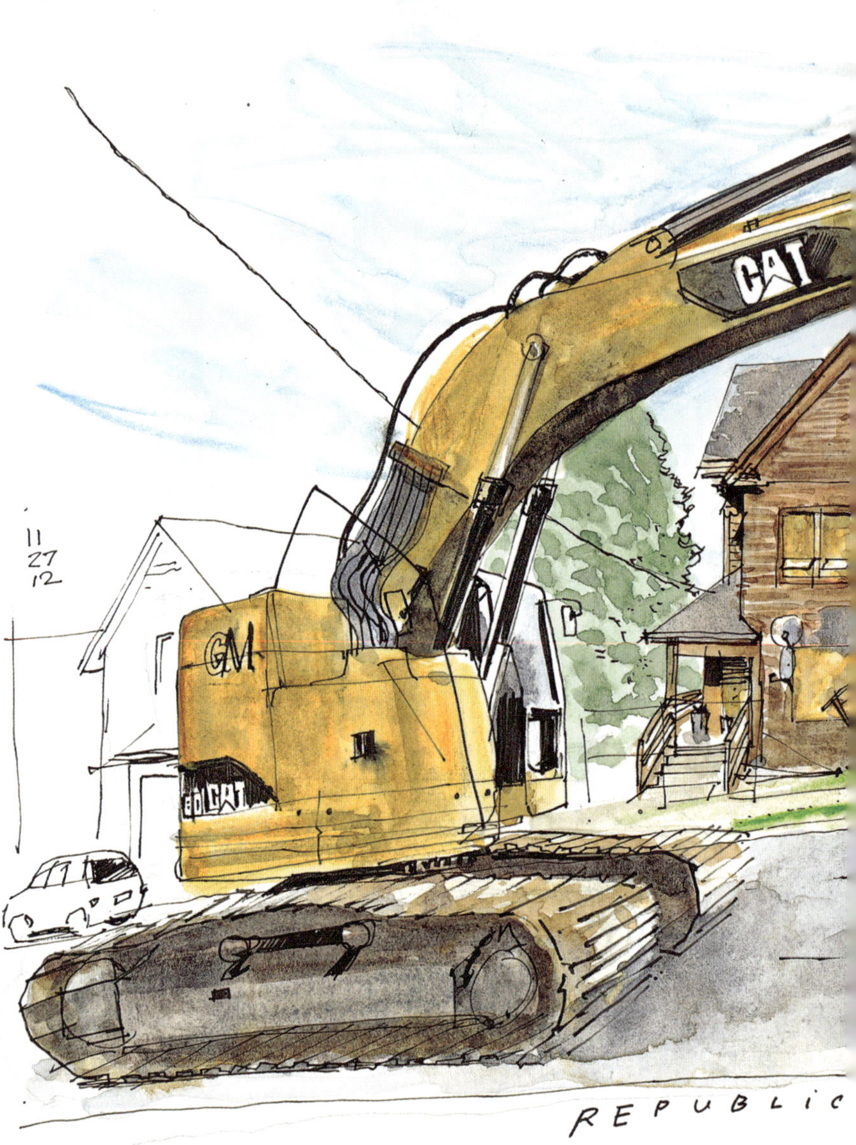

Eine gute Komposition lenkt den Blick auf das, worum es bei Ihrer Skizze geht. Hier leitet der Baggerarm das Auge des Betrachters zu dem verfallenen Haus.

28 x 19 cm; Tinte und Aquarellfarben auf satiniertem Papier; 45 Minuten vor Ort und noch einmal 45 Minuten zum Kolorieren

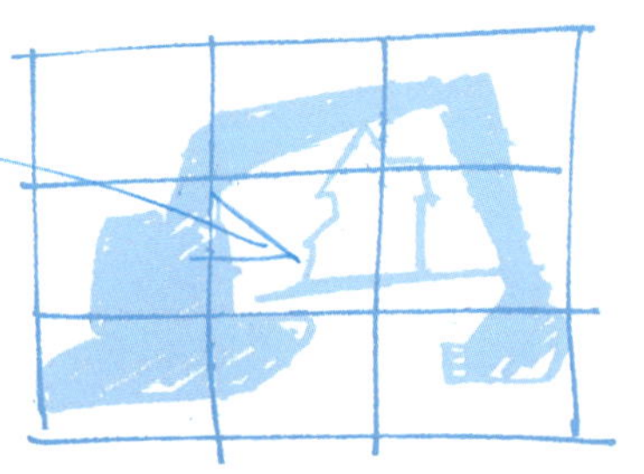

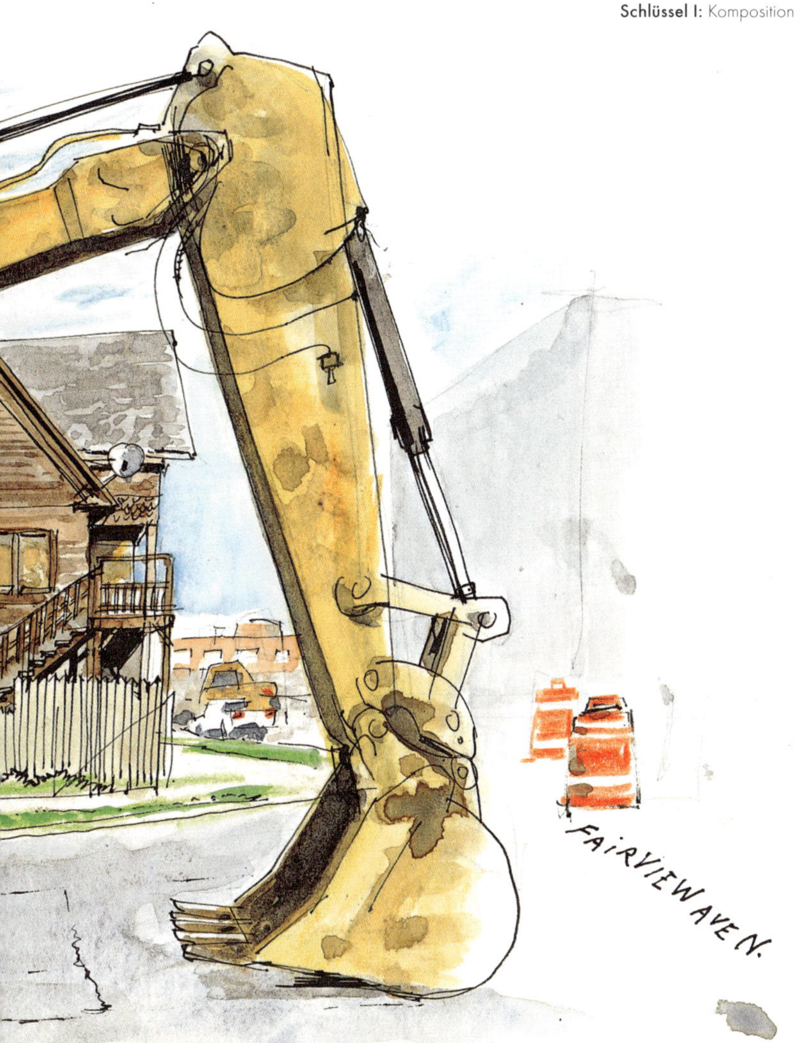

Orientieren Sie sich an der Zwei-Drittel-Regel

Fotografen schwören auf die Zwei-Drittel-Regel. Ich auch. Dieses einfache Gestaltungsprinzip wirkt Wunder. Teilen Sie die Szene, die Sie skizzieren wollen, in neun gleichgroße Felder (siehe Abbildung gegenüber). Eine gute Komposition entsteht dann, wenn Sie das Motiv auf oder nahe den Punkten platzieren, wo sich die Linien überschneiden.

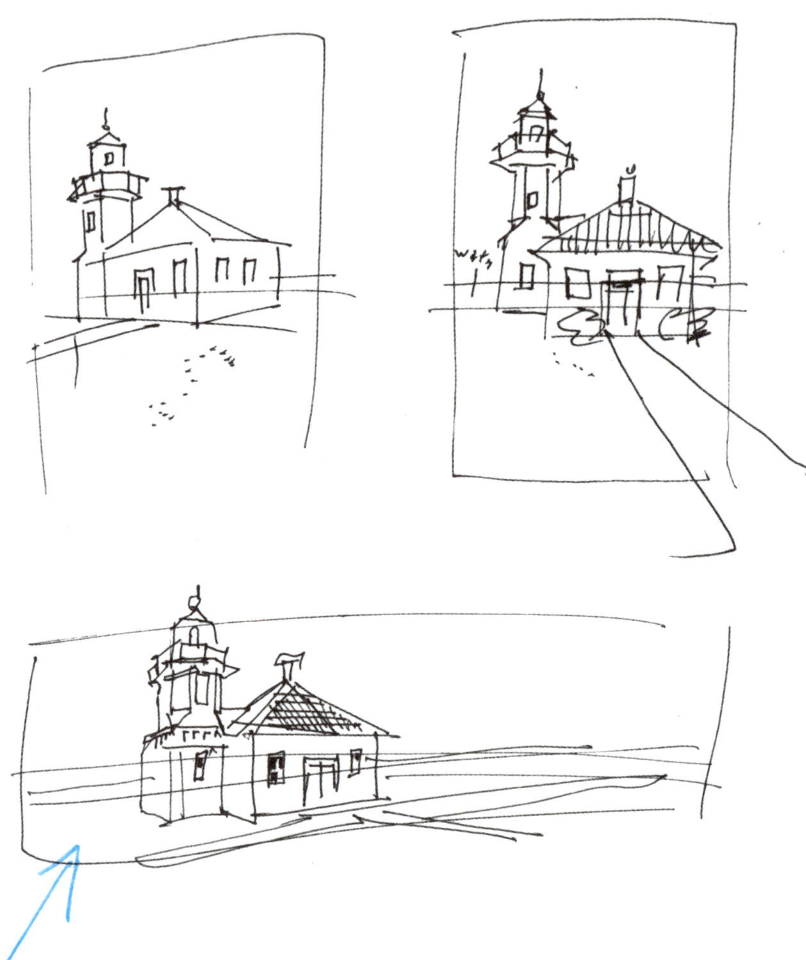

Halten Sie sich in diesem Stadium nicht mit Einzelheiten auf. Setzen Sie sich für diese vorbereitenden Skizzen ein Zeitlimit von je 5 Minuten.

Tipp

Wenn Sie Zeit haben, spazieren Sie herum und erkunden den Ort, bevor Sie mit dem Zeichnen beginnen. Betrachten Sie die Szene im Stehen und im Sitzen, um neue, interessante Blickwinkel zu entdecken.

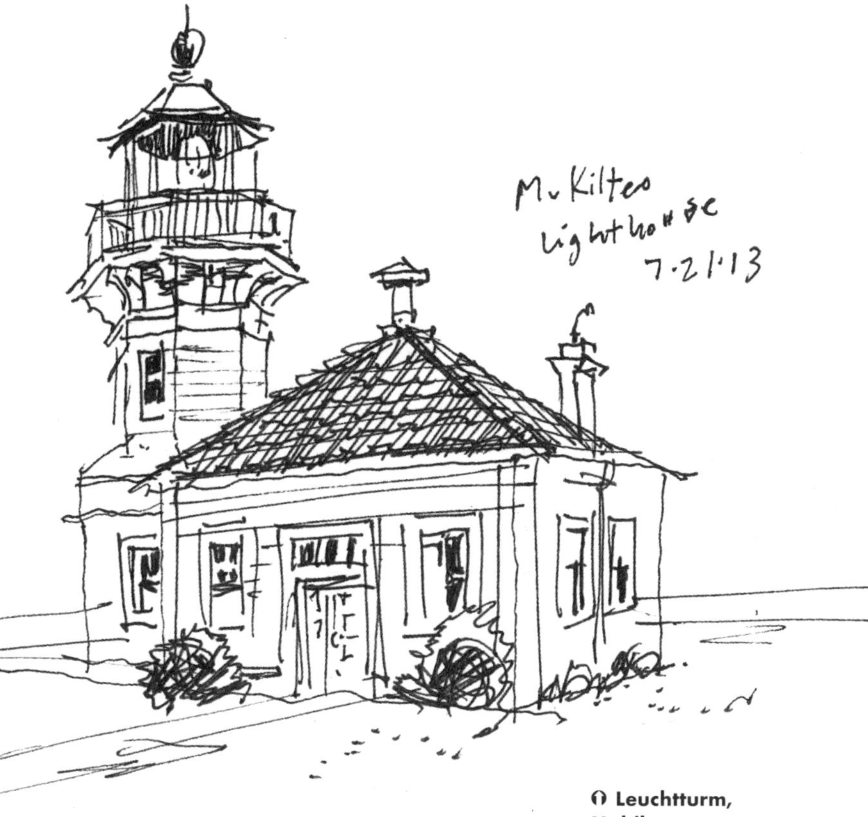

⓿ Leuchtturm, Mukilteo

19 x 15,2 cm; G-Tec Pilot in Skizzenbuch Stillman & Birn; 15 Minuten

Kleine schnelle Skizzen sind gut zum Aufwärmen

Beim Skizzieren ist es wie beim Sport. Sie müssen sich zuerst warm machen und die Hand-Augen-Koordination lockern. Statt einfach loszulegen und das Beste zu hoffen, mache ich ein paar kleine, schnelle Skizzen, um die Komposition zu testen. Ich liebe es, eine Szene auf ein paar simple Linien zu reduzieren. Solche Miniskizzen könnte ich den ganzen Tag machen.

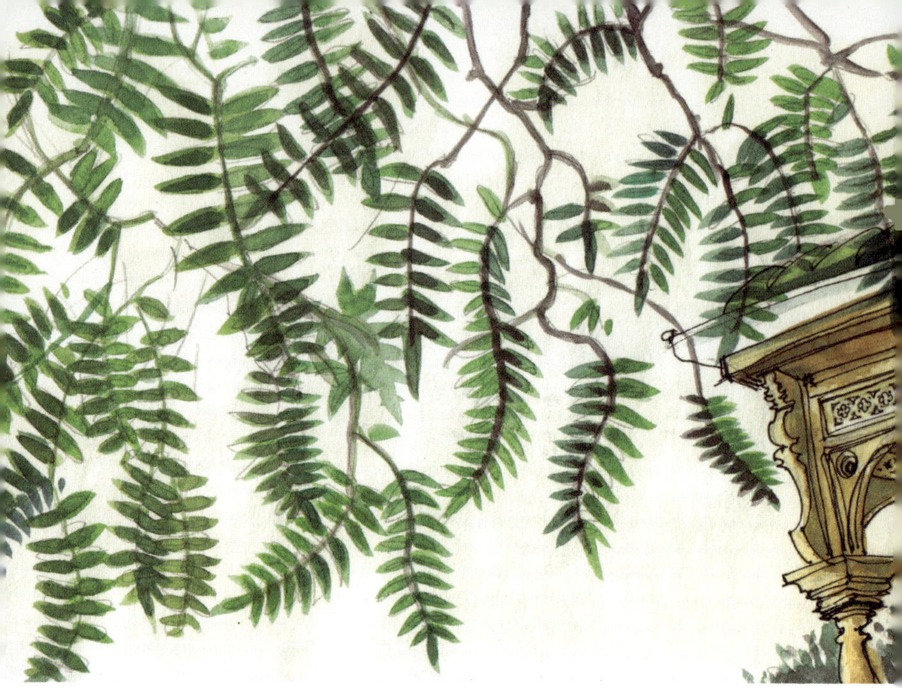

Wählen Sie ein interessantes Format

Das Quadrat ist keine besonders interessante Form. Haben Sie schon einmal eine quadratische Flagge gesehen? Oder einen quadratischen Fernseher? Man vergisst leicht, dass wir im Weitwinkelformat sehen. Bringen Sie eine beliebige Szene in ein langgezogenes Rechteck, und Sie sind auf dem besten Weg zu einem einzigartigen Bild.

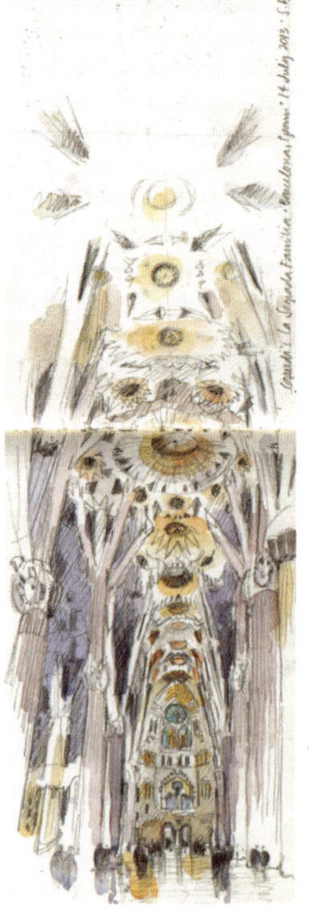

Wenn Sie ein Skizzenbuch im Querformat hochkant drehen, haben Sie ein vertikales Panorama.

STEPHANIE BOWER

Sagrada Família, Barcelona

12,7 x 40,6 cm; Drehbleistift und Aquarellfarben in Aquarell-Skizzenbuch Pentalic 12,7 x 20,3 cm; ca. 1 Stunde

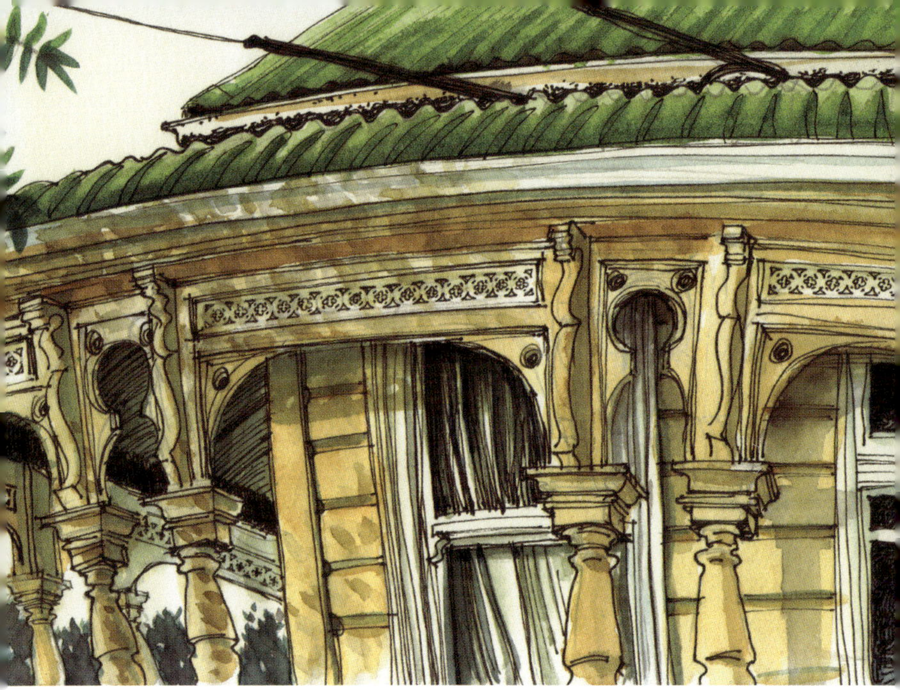

MURRAY DEWHURST

Victorianische Veranda, Auckland

58 x 20,3 cm; Aquarellfarben Sennelier in halben Näpfchen, Pigment-Liner 0.5 Staedtler in querformatigem A4-Skizzenbuch Hahnemühle; ca. 2 Stunden

Fangen Sie mit den großen Umrissen an

Reklametafeln, Markisen und Verkehrsschilder zu zeichnen macht Spaß, doch im frühen Stadium einer Skizze lenkt das leicht ab. Um die Szene zu begreifen, sehe ich mir zuerst an, in welcher Beziehung Himmel, Gebäude und Boden zueinander stehen.

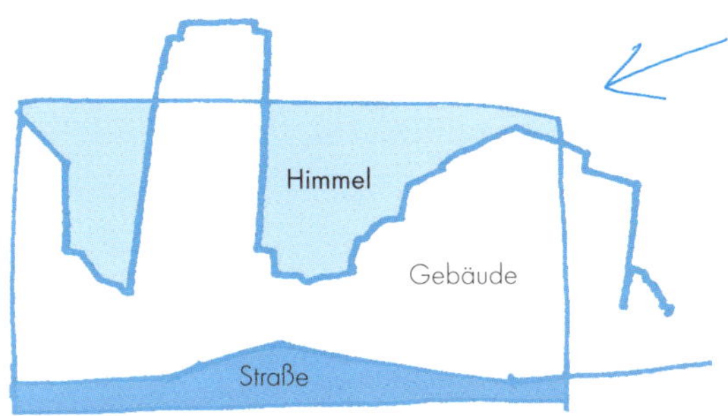

Umreißen Sie den Himmel, und schon haben Sie die Silhouette der Stadt gezeichnet, ohne die Gebäude überhaupt eines Blickes zu würdigen.

Werkzeugkasten

Ein Rahmen hilft beim Finden einer guten Komposition. Man bezeichnet so ein Hilfsmittel nicht umsonst als Bildsucher.

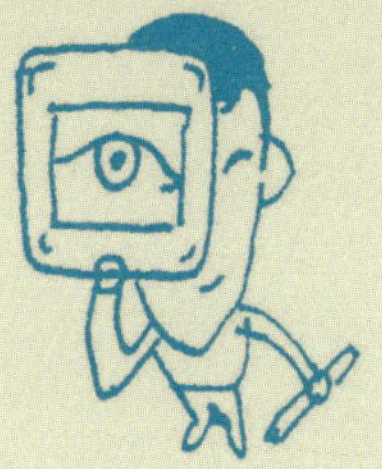

Ein 35-mm-Diarähmchen

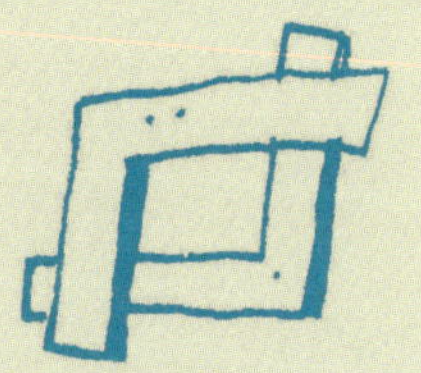

L-förmige Papprahmen

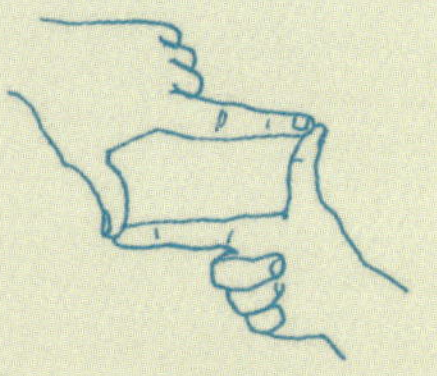

Ihre Hände (die haben Sie schließlich immer dabei!)

Machen Sie es passend …

Manchmal rahmt ein Bogen oder ein Fenster die Szene. Doch meistens müssen Sie einen imaginären Rahmen um den Bereich ziehen, den Sie skizzieren wollen. Sie sollten sich klarmachen, was Sie auf die Seite bringen wollen, sonst geht Ihnen leicht der Platz aus.

ROGER O'REILLY

Trinity College, Dublin

14 x 20 cm; verdünnte schwarze Acryltusche auf A5-Skizzenblock Canson; 20 Minuten

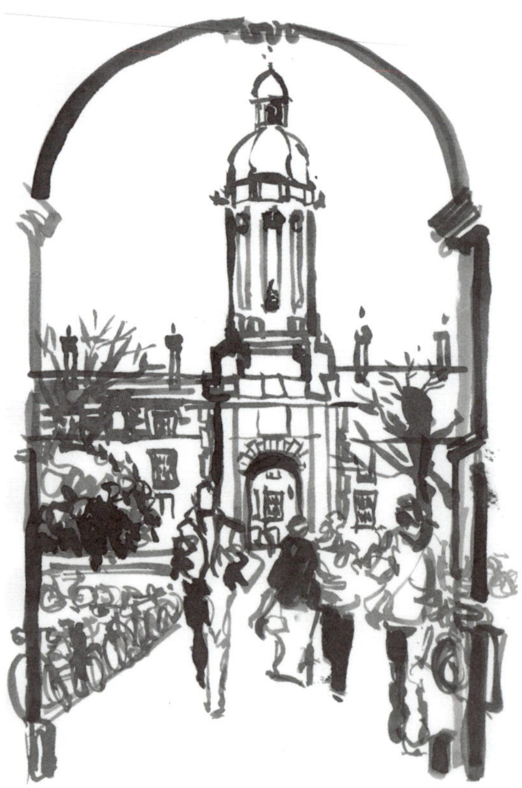

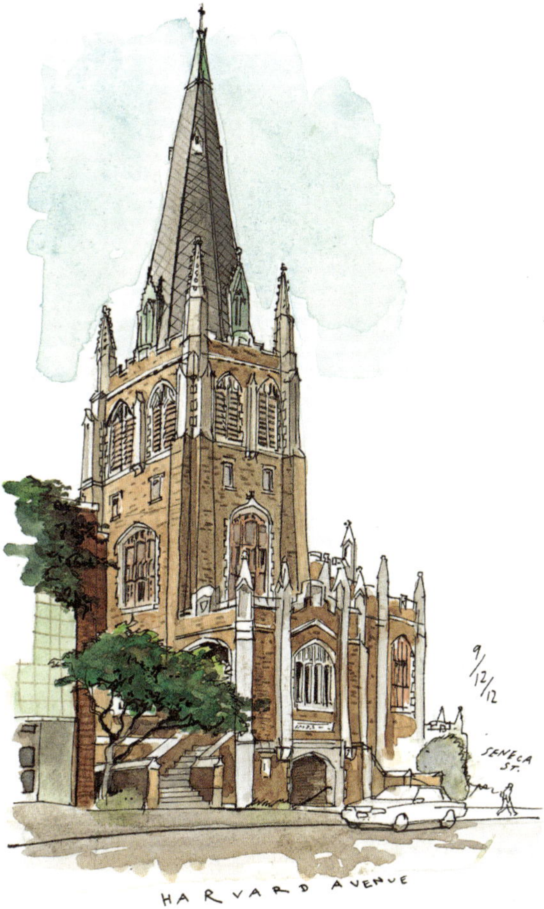

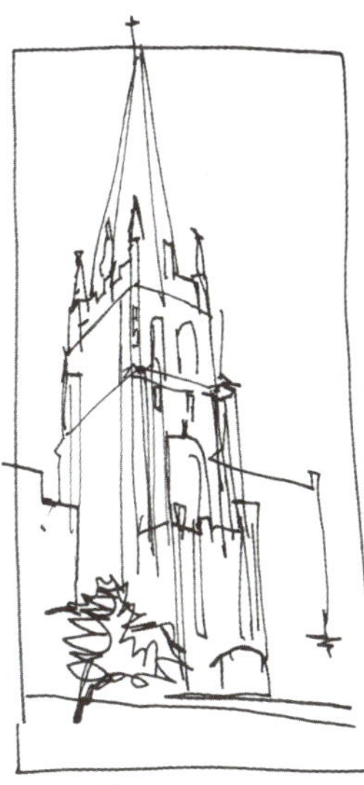

Wenn Sie wissen, was Sie zeichnen wollen, erstellen Sie ein Rechteck auf Ihrer Seite und fertigen Sie eine kleine, schnelle Kompositionsskizze an. Passt alles drauf?

First Baptist Church, Seattle

18 x 30 cm; Tinte Noodler's und Aquarellfarben auf Aquarellpapier Canson; 1,5 Stunden

... oder schneiden Sie es ab

Versuchen Sie bloß nicht, ein Gebäude zurechtzustutzen. Besser, Sie schneiden wie beim Fotografieren etwas ab.

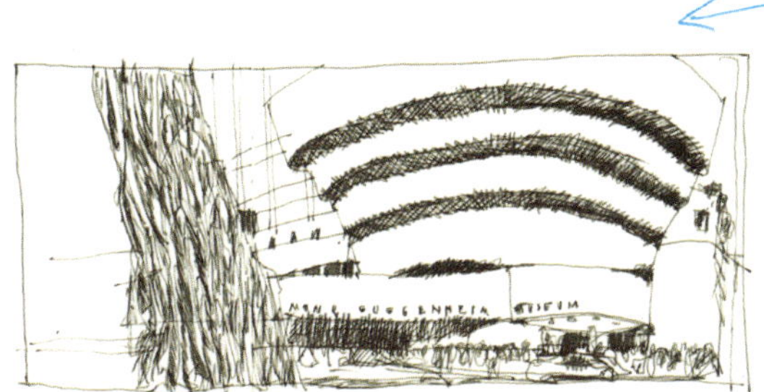

RICHARD ALOMAR

Guggenheim Museum, New York

28 x 12,7 cm; Füller Lamy Safari mit Tinte in Lexington Grey von Noodler's in Aquarell-Skizzenbuch Moleskine; 30 Minuten

Nutzen Sie bei Ihrer Komposition spitze Winkel

Ob eine Skizze gelungen ist, hängt zum Großteil davon ab, wo Sie beim Zeichnen stehen oder sitzen. Ein direkter Blick auf eine Fassade kann interessant sein, doch spitze Winkel verleihen einer Komposition Dynamik. Stellen Sie sich zum Beispiel einmal ganz nah vor ein Gebäude oder blicken Sie eine steile Treppe hinunter.

➲ **NORBERTO DORANTES**

Eiffelturm, Paris

27 x 21 cm; Füller Lamy mit Feder M, Tinte und Aquarellfarben in A5-Skizzenbuch Gamma Stillman & Birn; 1 Stunde

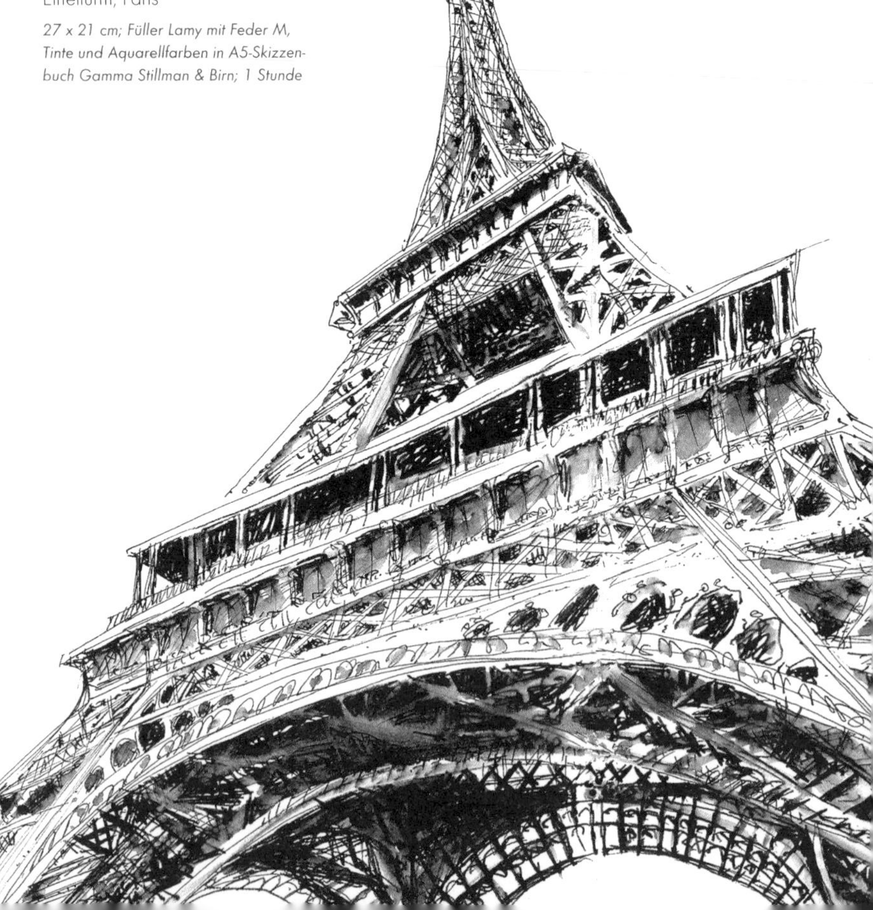

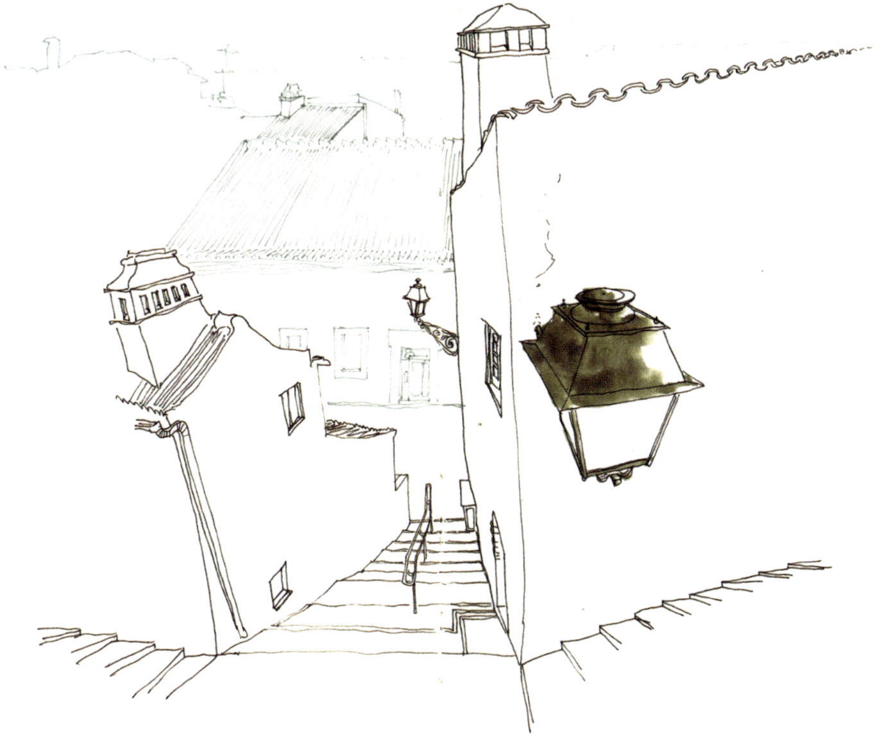

↑ MÁRIO LINHARES

Constância, Portugal

28 x 20,3 cm; Fineliner Uni Pin 0.1in Schwarz; Multiliner SP 0.3 Copic in Cool Gray in Laloran-Skizzenbuch mit 180-Gramm-Papier Claire-fontaine; 30 Minuten

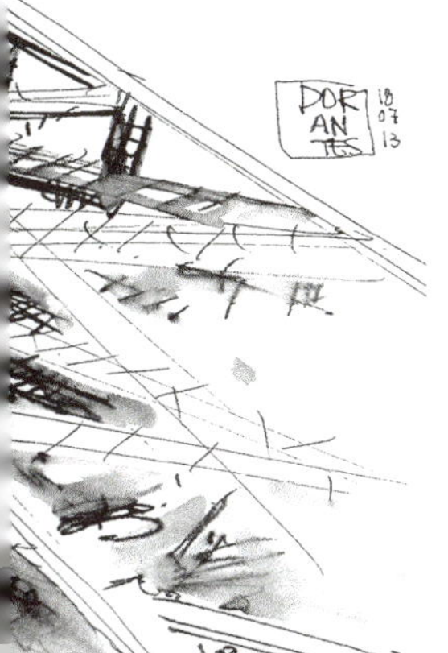

Workshop

- ➔ Falls Sie Ihre Skizzen einscannen oder fotografieren, um sie im Internet zu veröffentlichen, suchen Sie in Ihrem digitalen Archiv fünf Skizzen mit starken Kompositionen heraus. Drucken Sie sie als gelungene Vorbilder aus.
- ➔ Stellen Sie sich in unterschiedlichem Abstand an ein Fenster und fertigen Sie schnelle Miniskizzen von drei verschiedenen Kompositionen an. Diskutieren Sie mit jemandem darüber, welche Ihnen am besten gefällt und warum.

HIER IST PLATZ FUER IHRE SKIZZE!

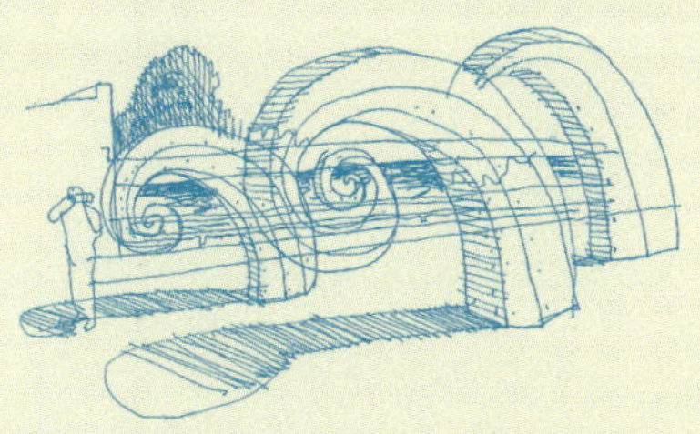

SCHLÜSSEL II
MASSSTAB

Sie sind also um eine Straßenecke gebogen und haben eine perfekte Stelle gefunden, um eine Skizze anzufertigen, und Sie haben auch schon ein paar kleine, schnelle Kompositionsskizzen gemacht. Und jetzt?

Eine Skizze wird dann glaubwürdig, wenn die Proportionen einigermaßen stimmen. Achtung: Ich sage nicht, dass sie absolut korrekt sein müssen, realistisch reicht vollkommen.

Wenn Sie eine städtische Umgebung maßstabsgerecht zeichnen wollen, kommen Sie nicht umhin, die Beziehung zwischen den Elementen, die Sie vor Augen haben, zu messen. Ich frage mich dann: »Wie hoch ist dieses Haus im Bezug auf das Nachbargebäude? Wie verhält sich die Höhe dieses Fensters zur ganzen Fassade?«

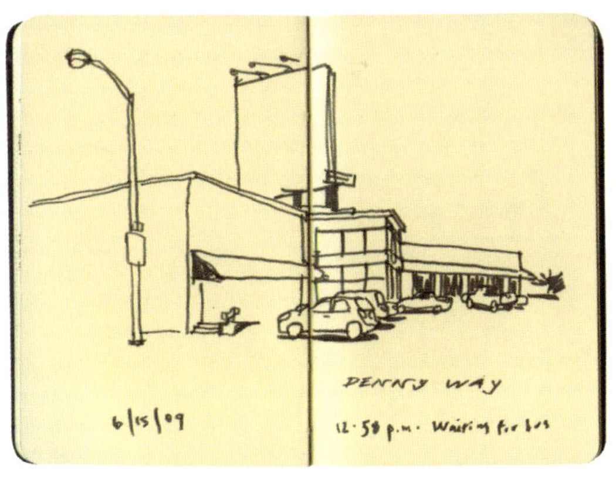

Einkaufszentrum, Denny Way, Seattle

17,8 x 14 cm; schwarzer Fineliner Sakura Pigma Micron in A6-Skizzenbuch Moleskine; 10 Minuten

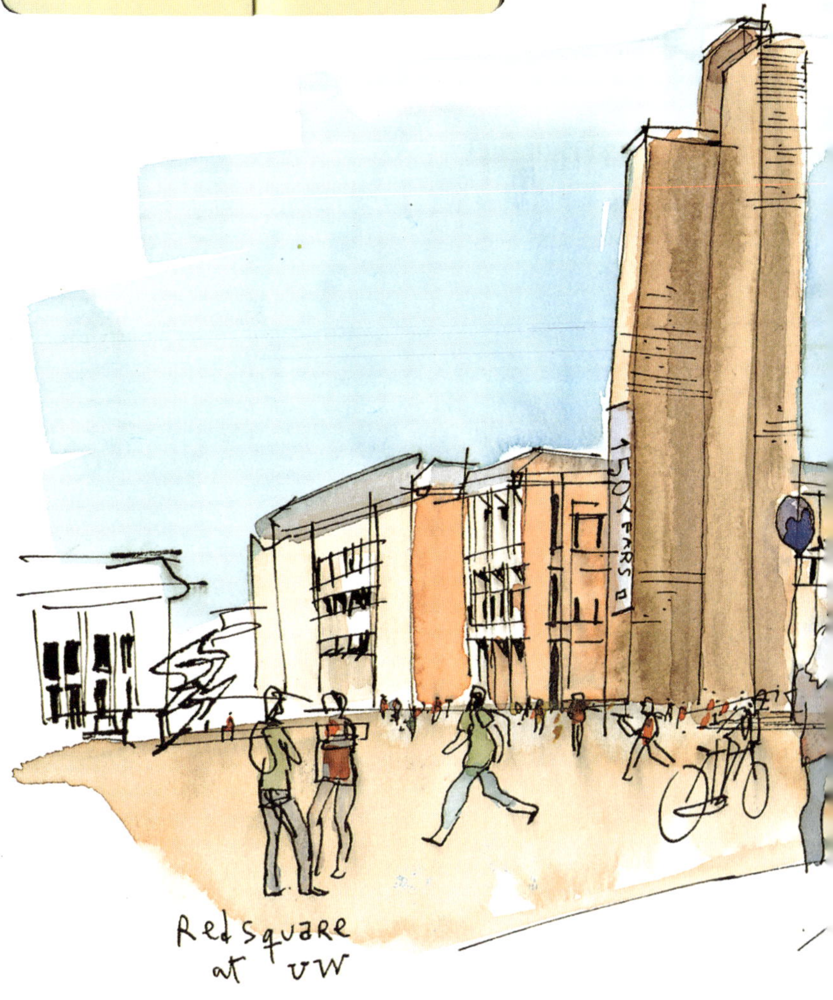

Wählen Sie etwas aus, was Ihnen als Maßstab dienen kann

Eine Straßenlaterne, eine Skulptur oder eine Türöffnung kann als Bezugspunkt für die Größenverhältnisse der ganzen Szene dienen. Wählen Sie etwas, was in Bezug auf die Gesamtkomposition weder zu groß ist noch zu klein.

Dieses Denkmal diente mir als Größenreferenz für die ganze Szene.

Red Square, University of Washington

25,4 x 15 cm; Tinte Noodler's und Aquarellfarben in All-Media-Skizzenbuch Canson Montval; 1,5 Stunden

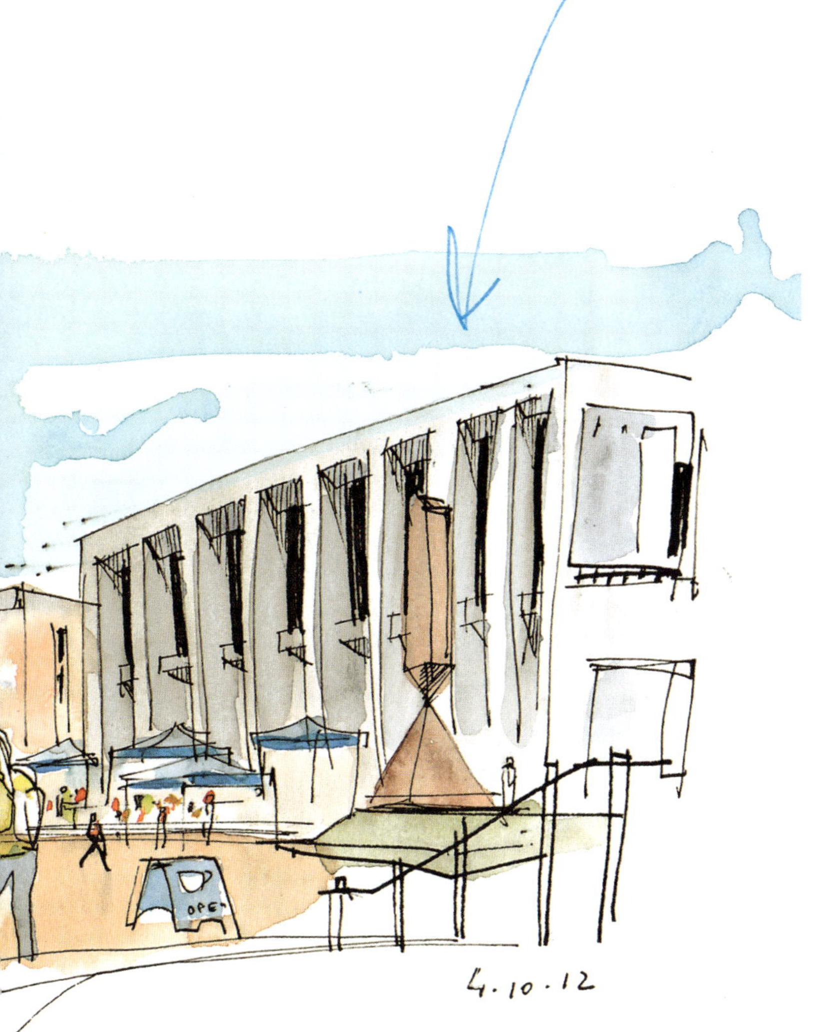

Den Mittelpunkt bestimmen

Wenn Sie den Mittelpunkt Ihrer Skizze kennen, können Sie einschätzen, wie viel Platz Sie darüber, darunter und seitlich davon brauchen, damit Ihre Zeichnung auf die Seite passt.

Der Kran im Hintergrund bildet die Mitte der Skizze. Ich habe sorgfältig darauf geachtet, ihn nicht zu hoch zu zeichnen, sonst hätte ich für die Häuser, proportional zu der Höhe des Krans, mehr Platz gebraucht.

Reihenhäuser in South Lake Union, Seattle

26,7 x 16,5 cm; Tinte Noodler's und Aquarellfarben in All-Media-Skizzenbuch Canson Montval; 1,5 Stunden

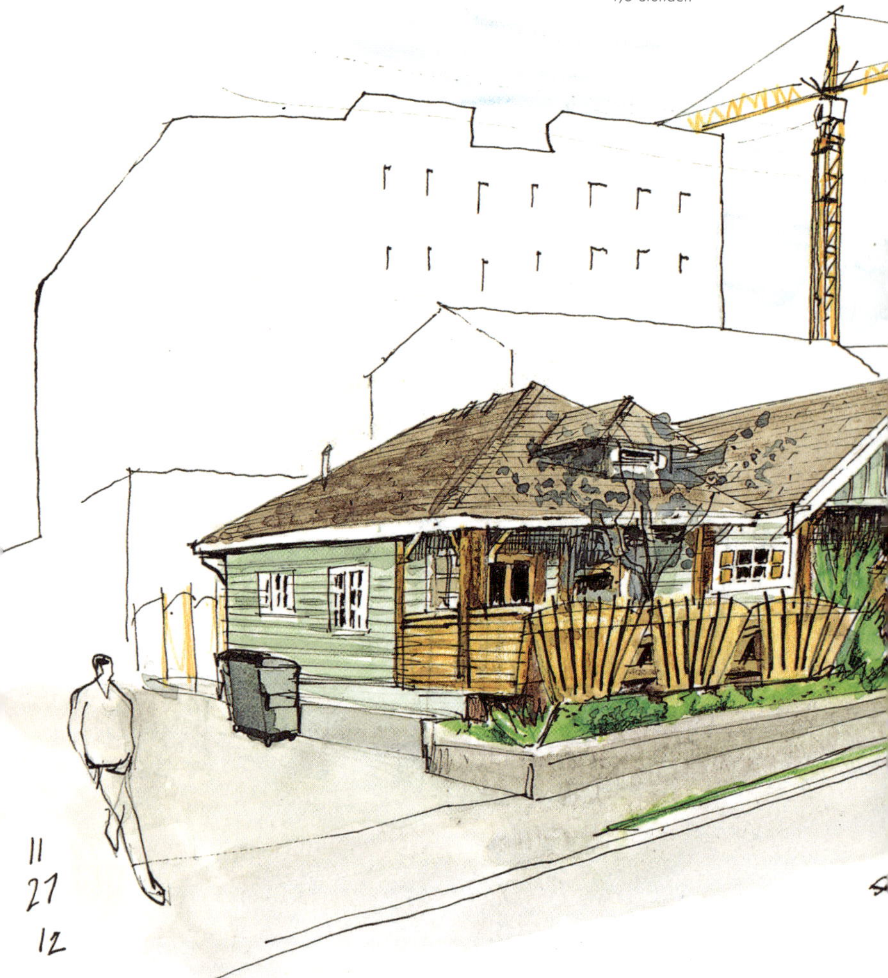

Messen mit Daumen und Bleistift

Strecken Sie mit durchgedrücktem Ellbogen den Arm gerade nach vorn und nehmen Sie den Abschnitt, den Sie messen wollen, zwischen die Spitze des Stifts und den Daumen. Dieses Maß können Sie auf andere Bereiche des Gebäudes übertragen. Sind sie doppelt so lang, drei Mal so breit etc.?

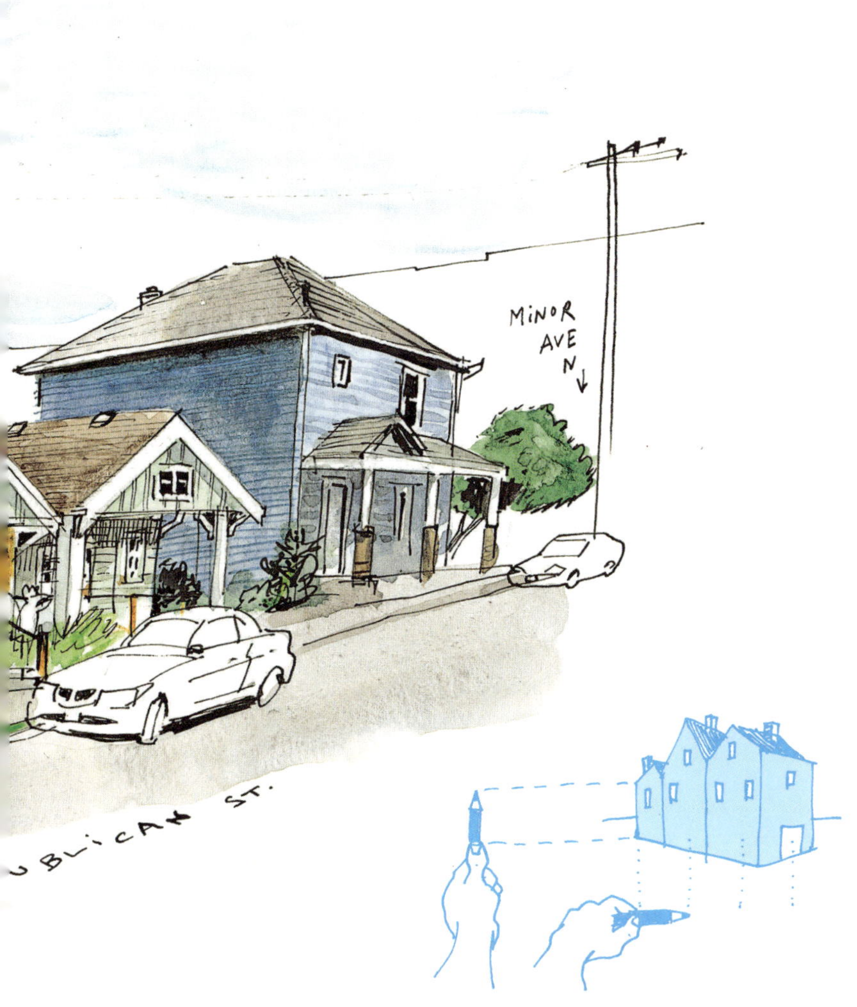

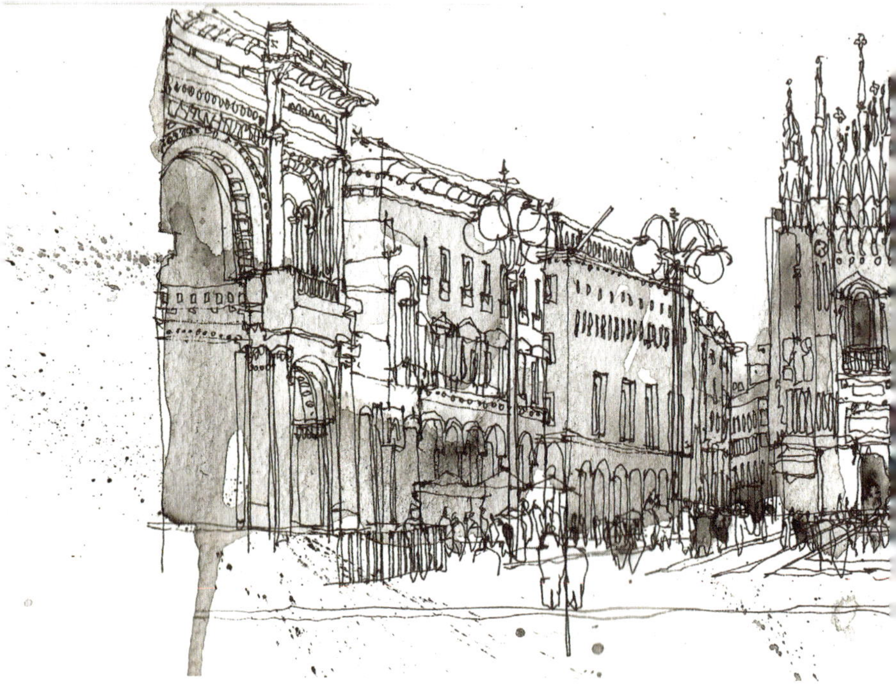

Werkzeugkasten

Genauer messen lässt sich mit einer in Quadrate unterteilten transparenten Folie. Halten Sie sie vor die Szene und vergleichen Sie: Wie viele Quadrate breit und hoch ist das Gebäude? So ein Hilfsmittel lässt sich leicht aus einer Overhead-Folie oder einer Plexiglasscheibe basteln.

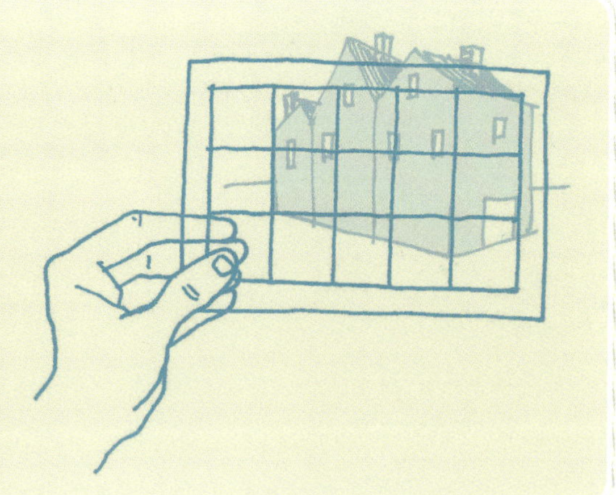

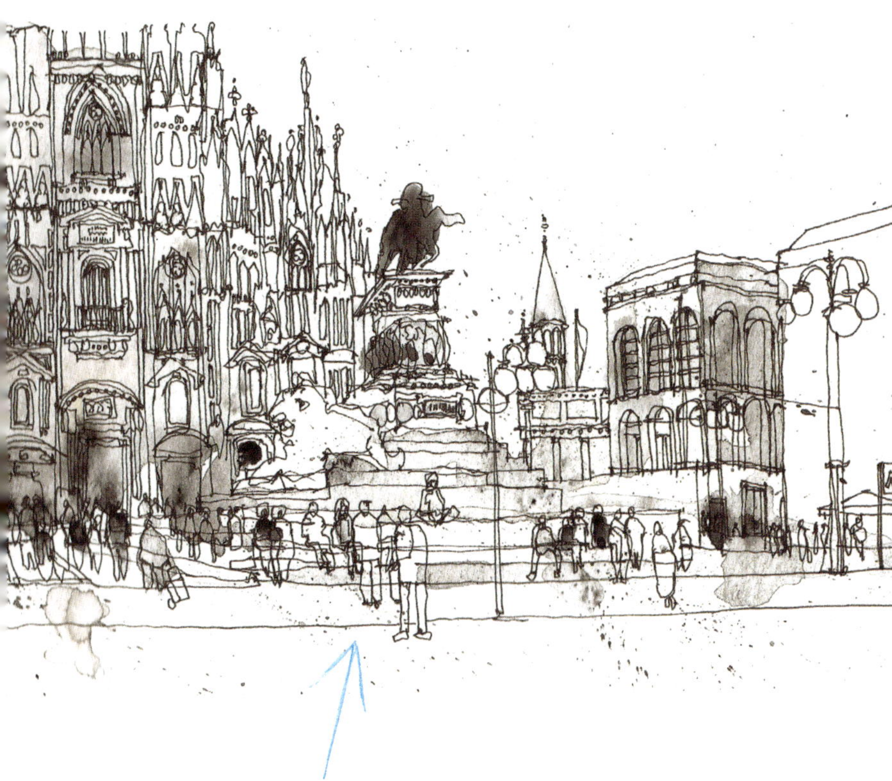

Fügen Sie Menschen hinzu, um einen Maßstab zu setzen

Wie groß ein Mensch ist, weiß jeder. Fügen Sie in jede Skizze mindestens einen Passanten ein. Ohne ihn ist es schwer zu sagen, wie groß die dargestellte Szene ist.

↑ Menschenmassen verdeutlichen die Ausmaße des Platzes vor dem Mailänder Dom.

SIMONE RIDYARD

Piazza del Duomo, Mailand

40,6 x 12,7 cm; Fineliner 0.3 und 0.1 und Aquarellfarben in A5-Skizzenbuch Moleskine; 1,5 Stunden

Nutzen Sie das städtische Mobiliar, um Proportionen zu verdeutlichen
Städte sind voll von dem, was ich gern als städtisches Mobiliar bezeichne (Strommasten, Ampeln, Bänke, Hydranten usw.). Lassen Sie es nicht unbeachtet, denn es hilft Ihnen, ein Gefühl für die Proportionen des Ganzen zu bekommen.

Konzentrieren Sie sich auf kleinere Bereiche
Einen großen Raum erfassen zu wollen kann einen schier erschlagen. Üben Sie das Zeichnen kleinerer Elemente, etwa einer einfachen Fassade, und versuchen Sie, die Proportionen von Türen, Fenstern und beweglichen Elementen, etwa eines Passanten, richtig hinzubekommen.

↓ Auch Autos können bei der Bestimmung von Proportionen helfen.

Quick Pack Minimart

28 x 15,2 cm; Tinte Noodler's und Aquarellfarben in Mix-Media-Skizzenbuch Canson; 45 Minuten

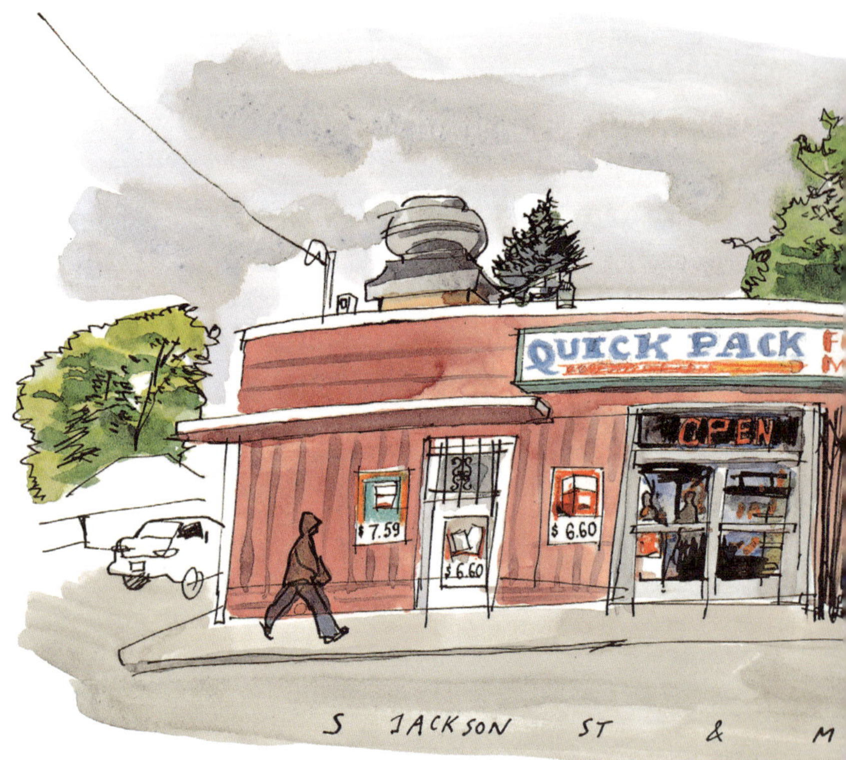

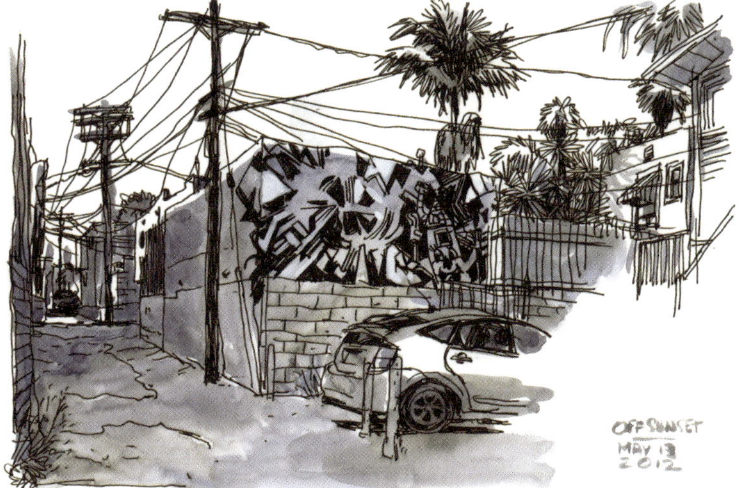

STÉPHANE KARDOS

Seitenstraße des Sunset Drive, Los Angeles

29 x 20,3 cm; Brush Pen Pentel in Grau und Schwarz, Permanentmarker und Aquarellfarben in Skizzenbuch Seawhite of Brighton; 30 Minuten

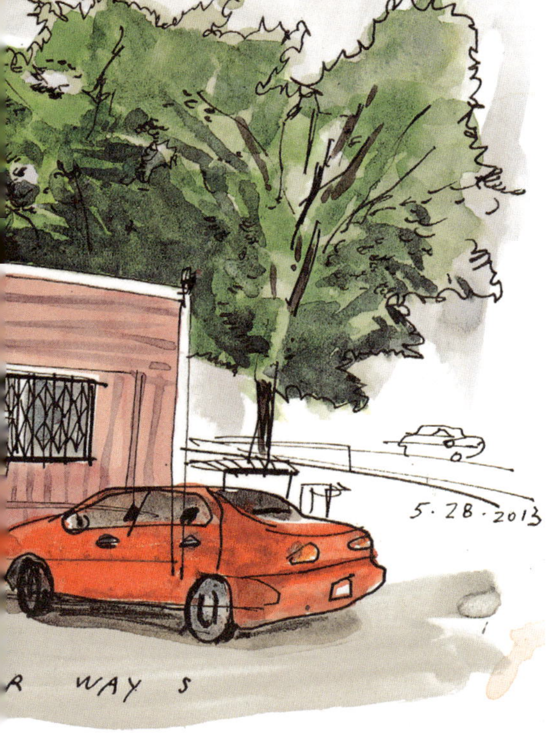

Tipps

- ➔ Vertrauen Sie nicht Ihrem Gefühl, messen Sie Abstände, bevor Sie anfangen zu skizzieren.
- ➔ Messen Sie beim Gehen Entfernungen im Kopf. Ich mache das dauernd. Es ist eine gute Übung.

HIER IST PLATZ FUER IHRE SKIZZE!

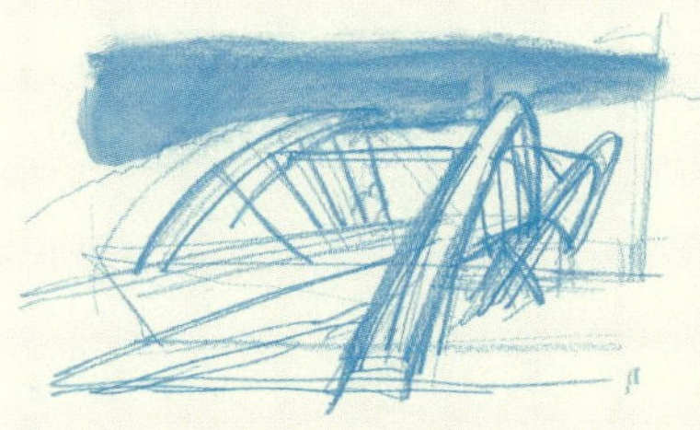

SCHLÜSSEL III
TIEFE

Eine gute Komposition und Proportionen sind die Pfeiler solider Architekturzeichnungen, doch damit allein lassen sich noch keine überzeugenden Skizzen des städtischen Raums anfertigen. Erinnern Sie sich an Ihre Kinderzeichnungen von eindimensionalen Häusern und Bäumen? Wunderschöne, maßstabgetreue Kompositionen, aber ihnen fehlt eine wichtige Zutat, die Skizzen von Stadtlandschaften lebendig macht: Tiefe.

Auf einem flachen Blatt Papier die Illusion von Tiefe zu erzeugen mag wie Zauberei erscheinen. Doch dafür ist nur ein wenig Verständnis für Perspektive erforderlich, das durch aufmerksames Beobachten gewonnen werden kann.

Meine Skizzen wurden um einiges besser, als ich begann, ein paar grundlegende Dinge zu erlernen, zum Beispiel den Horizont zu bestimmen und Fluchtpunkte festzulegen.

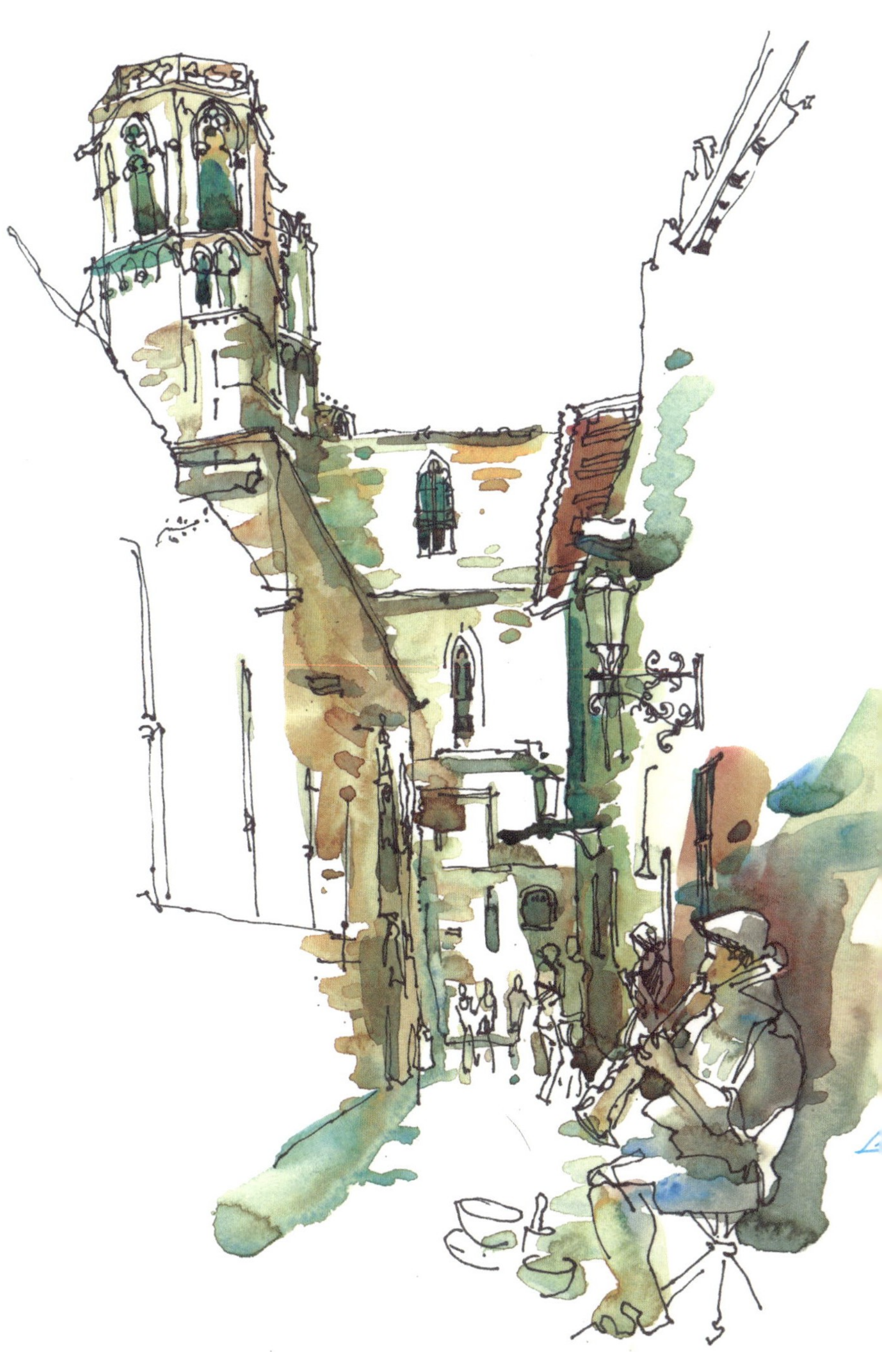

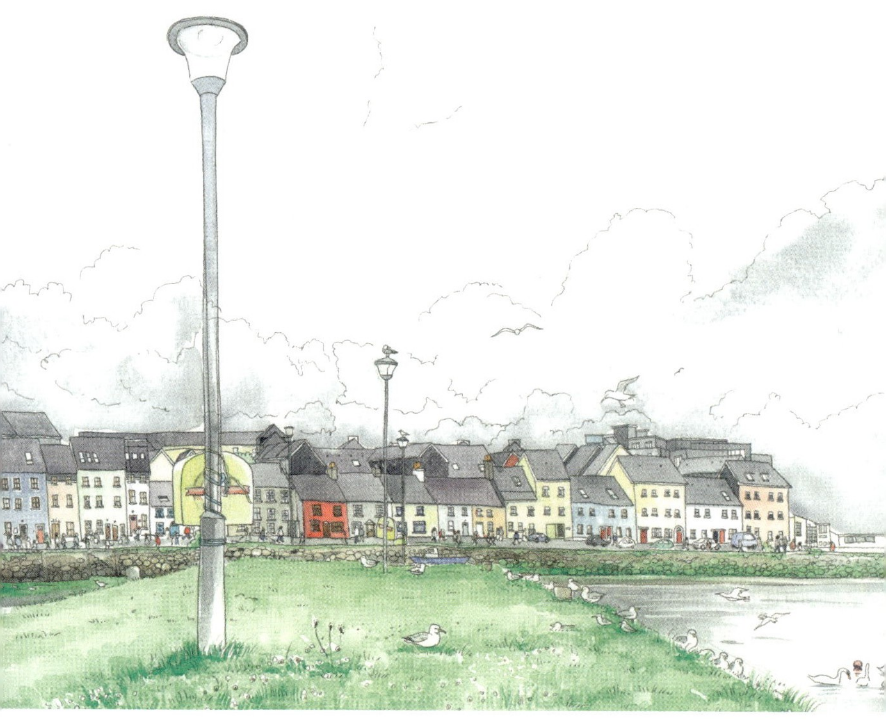

Vergessen Sie den Vordergrund nicht

Ignorieren Sie nicht das Auto oder die Straßenlaterne unmittelbar vor Ihnen, bloß weil Sie entfernter liegende Gebäude zeichnen wollen. Die Illusion von Tiefe erreichen Sie fast garantiert, wenn Sie Objekte im Vordergrund skizzieren, in der Mitte und im Hintergrund.

RÓISÍN CURÉ

Blick von Claddagh auf The Long Walk, Galway

45,7 x 33 cm; Bleistift, Aquarellfarben Winsor & Newton und Carbon Pen Platinum mit wasserfester Tinte auf 300g-Aquarellpapier Daler Rowney; 2 Stunden

Der Straßenmusikant im Vordergrund macht diese Szene lebendiger und sorgt im Verhältnis zu den Menschen weiter hinten in der Gasse auch für Tiefe.

SUHITA SHIRODKAR

Musik im Barri Gòtic, Barcelona

23 x 30,5 cm; Sharpie Pen F und Aquarellfarben in Beta-Skizzenbuch Stillman & Birn; ca. 45 Minuten

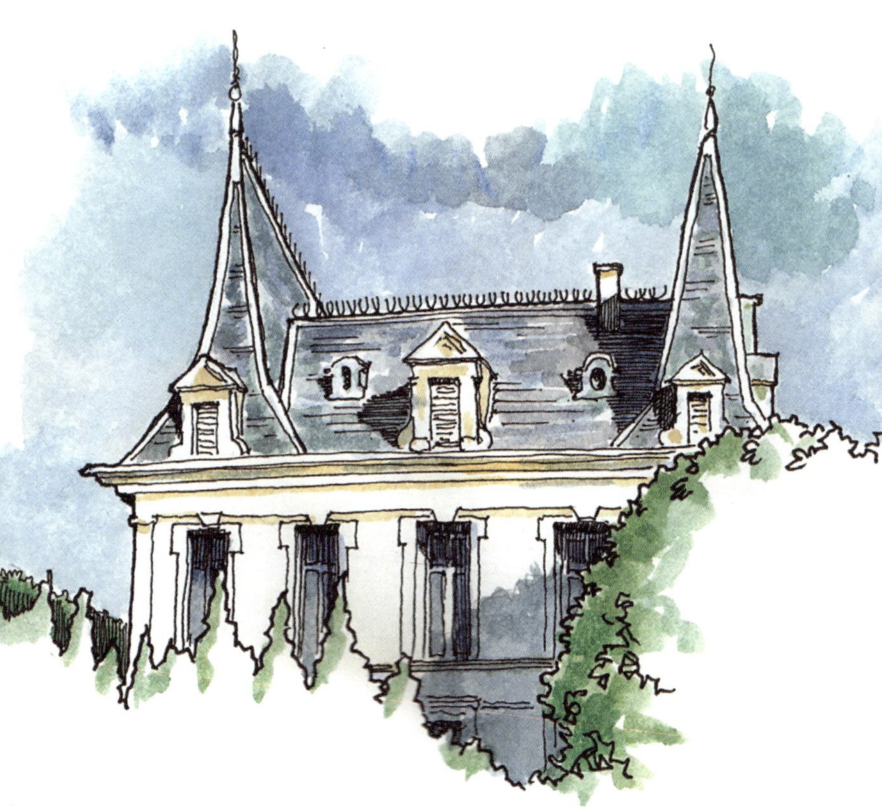

Silhouette sorgt für Einfachheit und Tiefe

Urban Sketcher ärgern sich oft, wenn ihnen etwas die Sicht versperrt. Würden doch die Bäume oder Autos nicht die wunderschöne Fassade verdecken. In so einem Fall kann man alles, was dem eigentlichen Motiv im Weg steht, als Silhouette darstellen. Ganz nebenbei verleiht es der Komposition zusätzlich Tiefe.

BRUNO AGNES

Pâle soleil

23 x 21 cm; Fineliner 0.2 und 0.5 Staedtler und Aquarellfarben Winsor & Newton in Skizzenbuch Moleskine; 40 Minuten

➊ Ein schlichter Umriss des Gebäudes im Hintergrund beschließt die Komposition und verleiht der Skizze Tiefe.

EMILY NUDD-MITCHELL
Dächer von Paris

29,2 x 21 cm; Gelschreiber Pilot in Schwarz, Weiß und Gold, Aquarellfarben und Aquarellstifte in A5-Skizzenbuch; 3 Stunden

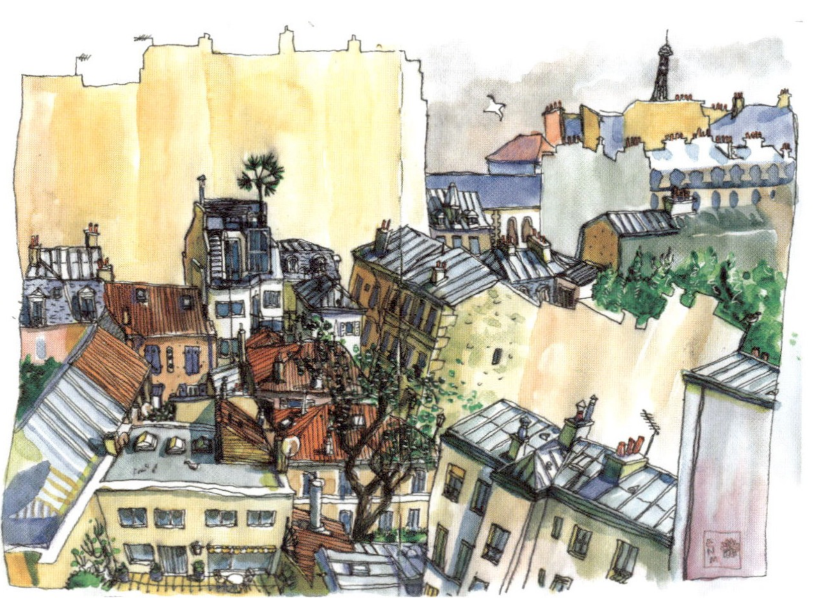

Denken Sie in Quadern

Gebäude erscheinen einem leicht zu groß, um sie zeichnerisch zu erfassen. Betrachten Sie sie einfach als kleine Legosteine. Zeichnen Sie einen Quader aus verschiedenen Blickwinkeln, und das nächste Mal sehen Sie beim Zeichnen einer Straßenszene keine Gebäude mehr, sondern Quader.

Dieses Ladenlokal in Seattle hat die Form eines Schuhkartons.

Central District, Seattle

30 x 15 cm; Tusche und Aquarellfarbe in Mix-Media-Skizzenbuch Canson 28 x 35,6 cm; 30 Minuten

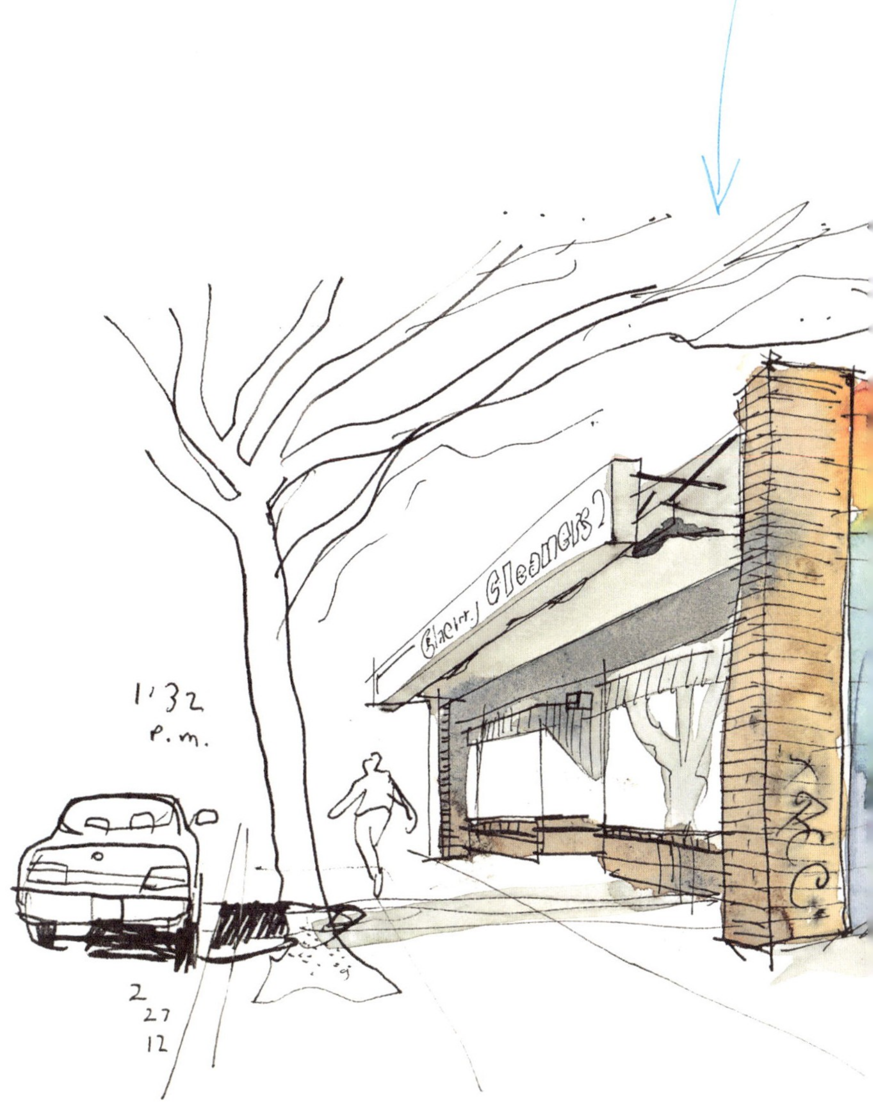

Werkzeugkasten

Eine praktische Methode zur Bestimmung von Winkeln: Schließen Sie ein Auge, um dem, was Sie sehen, die Tiefe zu nehmen, und halten Sie den Stift in dem Winkel vor das Objekt, in dem es aufs Blatt soll.

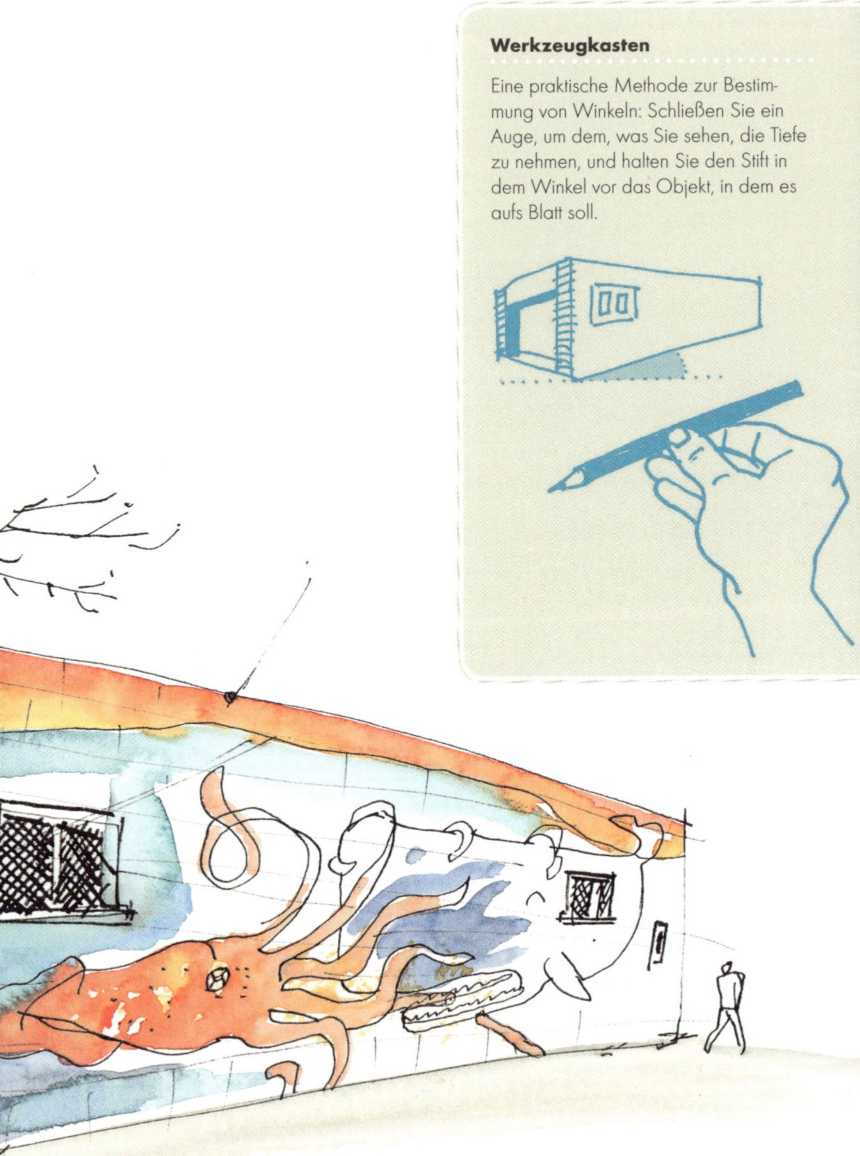

Bestimmen Sie den Horizont – oder Ihre Augenhöhe

Wenn sie am Strand entspannt aufs Meer blicken, ist der Horizont leicht zu bestimmen. Mitten in der Stadt, zwischen hohen Gebäuden, ist das nicht ganz so einfach. Hier mein Tipp: Vergessen Sie den Begriff Horizont und bestimmen Sie einfach Ihre Augenhöhe – die Linie, auf der Ihr Blick ruht, wenn sie ganz gerade nach vorn schauen.

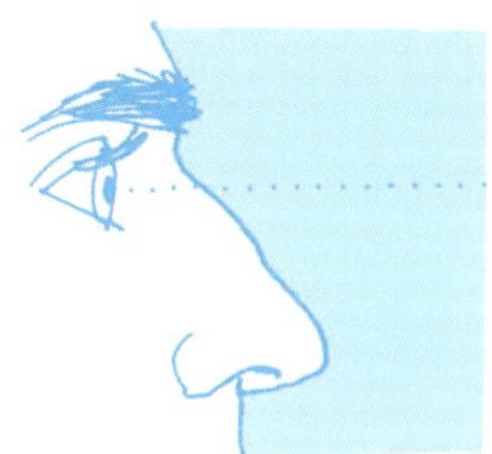

⮉ In diesem Fall liegt der Horizont auf halbem Weg die Straße runter.

MICHAEL WEBBER

Herbst auf dem Pioneer Square, Seattle

12,7 x 35,6 cm; Rapidograph Koh-I-Noor mit schwarzer Tusche und Aquarellfarben Winsor & Newton im Reise-Aquarellkasten in Skizzenbuch Hand Book; ca. 25 Minuten

➲ Gegenstände von gleicher Größe wie etwa Strommasten scheinen in der Ferne immer kleiner zu werden.

Bitter Lake, Seattle

28 x 31 cm, Tinte und Aquarellfarben in A4-Skizzenbuch Moleskine; 1 Stunde

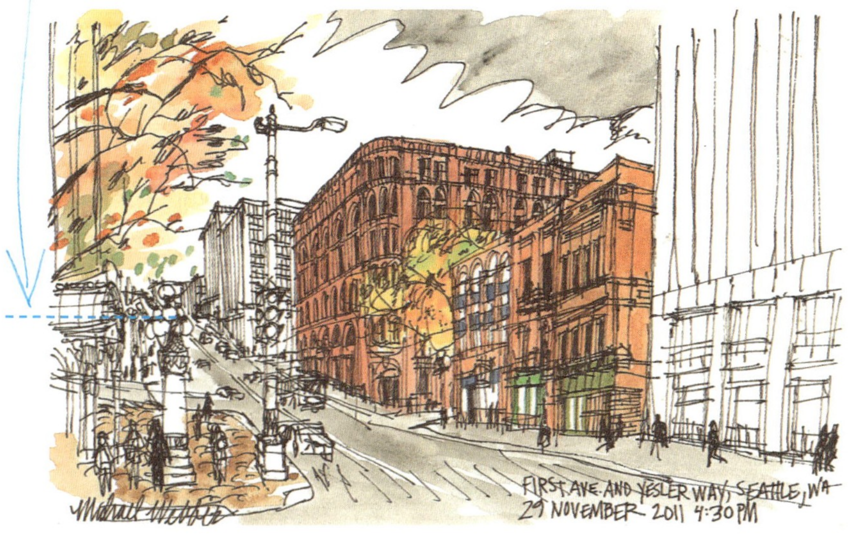

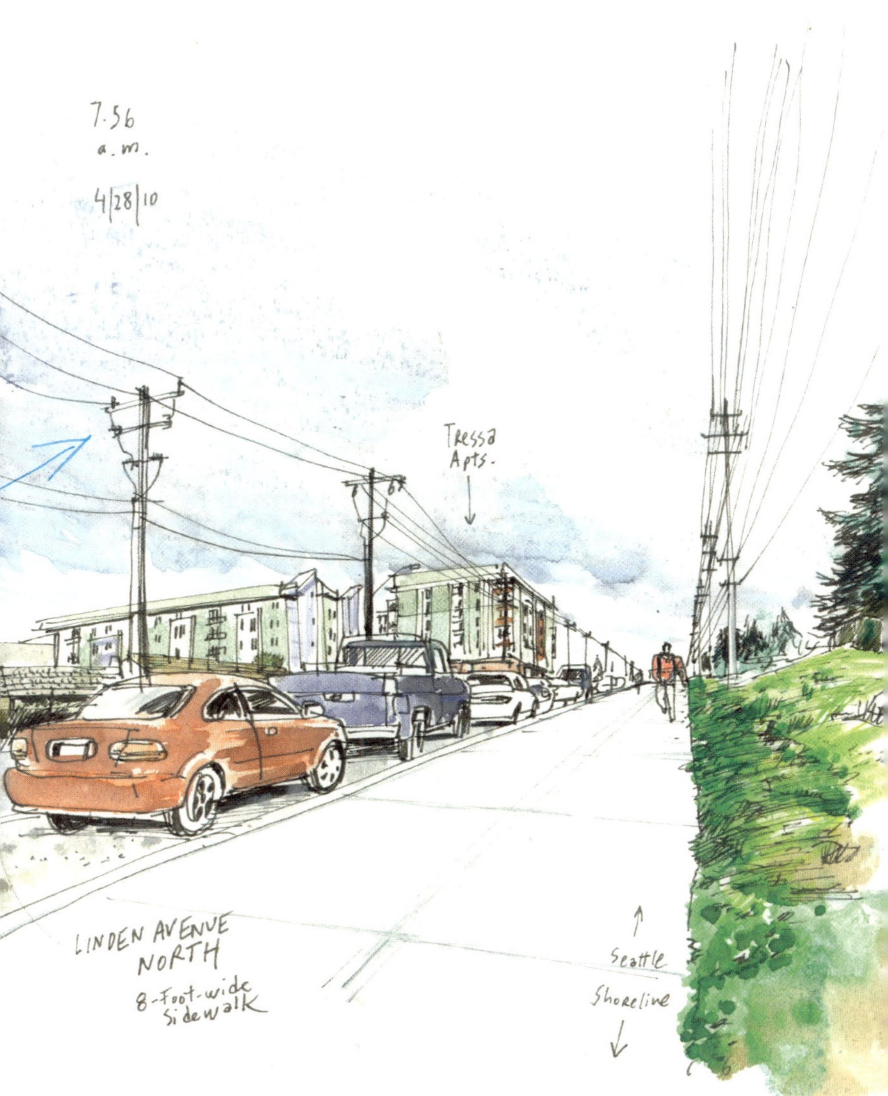

Tipp

Blicken Sie, um den Horizont zu bestimmen, stur geradeaus. Das kann man nicht oft genug betonen!

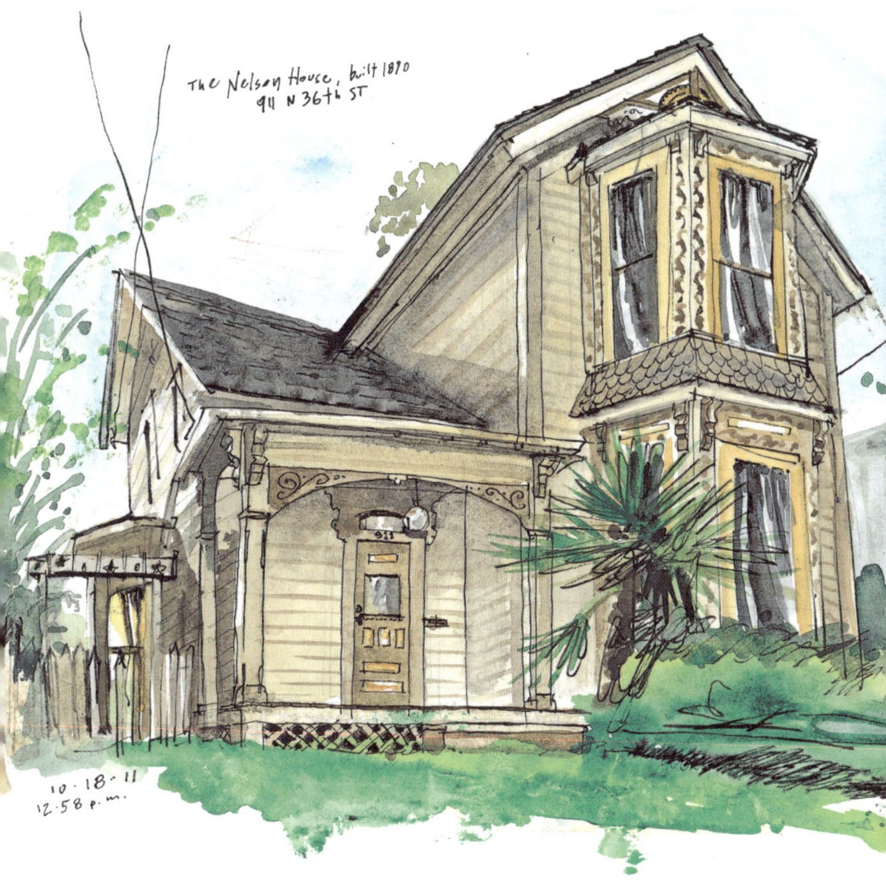

Bestimmen Sie Fluchtpunkte. Sie sind überall!

Anfangs habe ich beim Skizzieren ein paar Kämpfe mit der Perspektive verloren, weil ich glaubte, Fluchtpunkte lägen immer auf dem Horizont. Dabei können diese verflixten Punkte, wo parallele Linien sich schneiden, überall sein. Wenn die Linien parallel zum Boden verlaufen und der Boden flach ist, schneiden sie sich auf Augenhöhe. Aber wenn sie im Winkel zum Boden verlaufen, können sie sich über oder unter dem Horizont schneiden. Seit mir das klar ist, finde ich sie fast auf Anhieb.

Die Dachlinien verlaufen nicht parallel zum Boden; daher ist der Fluchtpunkt ganz oben im Himmel (siehe das Schaubild rechts).

Nelson House, Fremont, Seattle

32 x 22 cm; Tusche und Aquarellfarbe in Mix-Media-Skizzenbuch Canson 28 x 35,6 cm; 2 Stunden

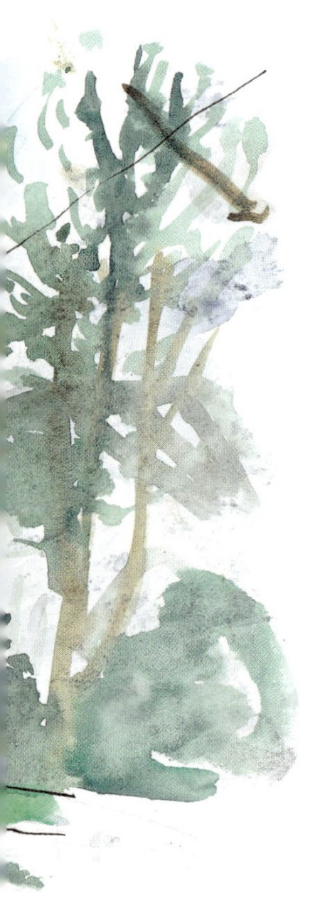

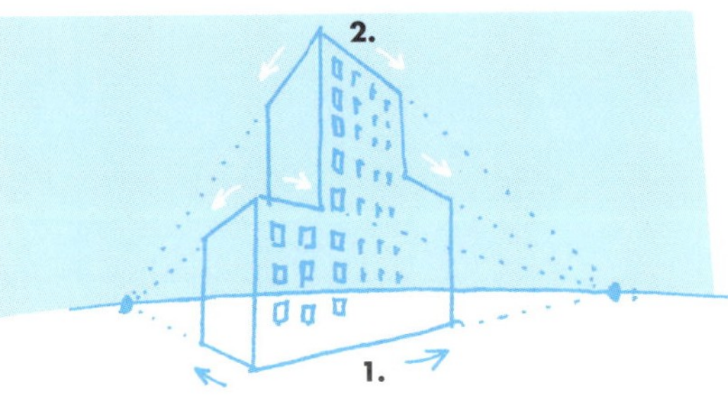

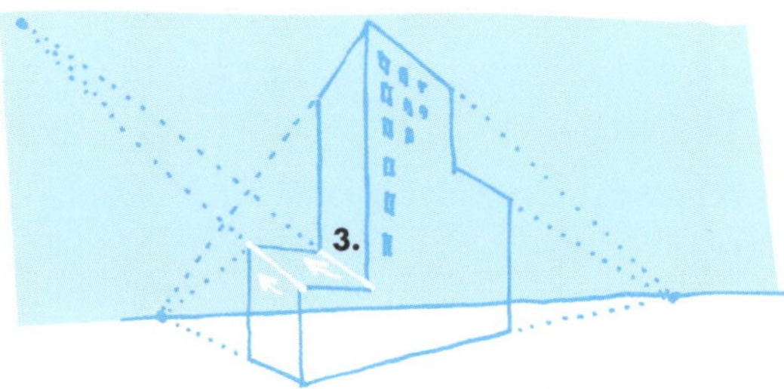

Sobald ich gelernt hatte, den Horizont zu bestimmen und Fluchtpunkte festzulegen, kapierte ich auch das mit der Perspektive.

1. Linien, die unter dem Horizont parallel zum Boden verlaufen, gehen nach oben.
2. Linien, die über dem Horizont parallel zum Boden verlaufen, gehen nach unten.
3. Linien, die nicht parallel zum Boden verlaufen, wie etwa das abschüssige Dach, haben Fluchtpunkte über oder unter dem Horizont.

Entdecken Sie vertikale Tiefe

Die Dreipunktperspektive kommt dann ins Spiel, wenn man an einem Gebäude hinauf- oder hinunterschauen muss, um einen Blick zu skizzieren, von dem man definitiv einen steifen Nacken bekommt. Wenn Sie nach oben schauen, schneiden sich die Seitenlinien des Gebäudes weit über dem Bauwerk, wenn Sie nach unten blicken, irgendwo tief unter Ihren Füßen.

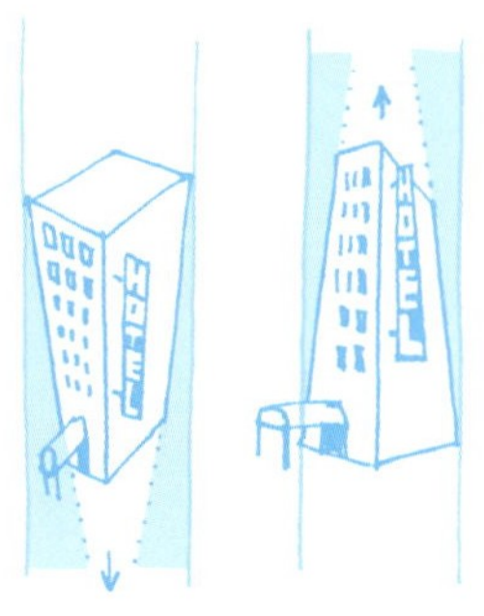

Nach unten schauen, nach oben schauen

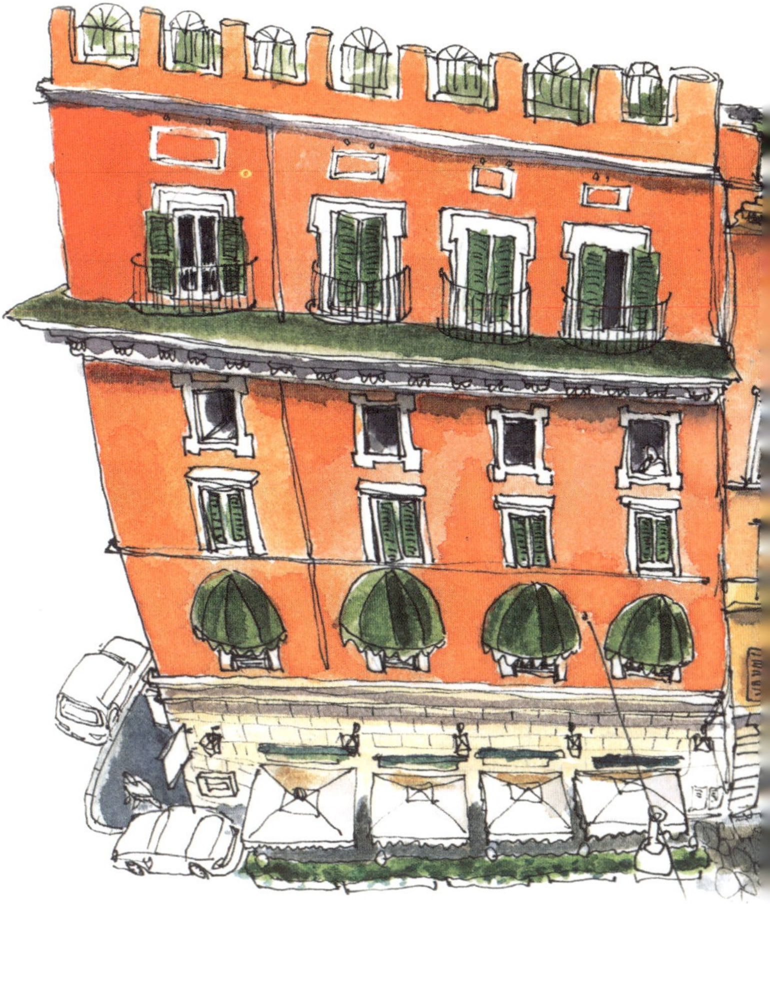

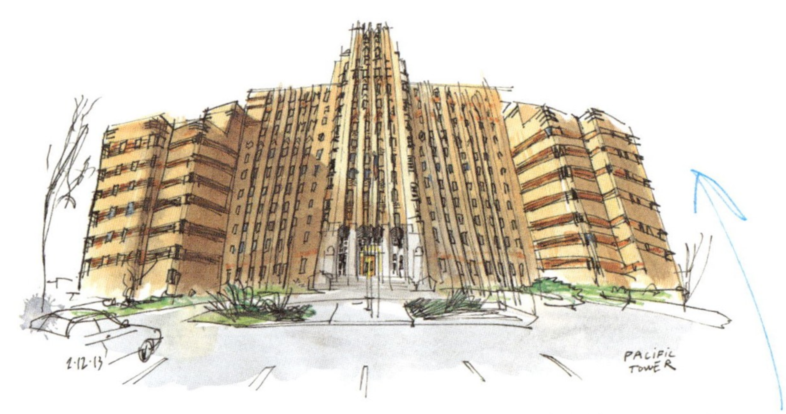

Zeichen Sie, was Sie sehen, nicht was Sie wissen. Ihr Gehirn mag Ihnen weismachen, dass eine Mauer immer gerade ist, doch in Wirklichkeit ist es nicht immer so.

Pacific Tower, Seattle

30,5 x 16,3 cm; Tusche und Aquarellfarbe in Mix-Media-Skizzenbuch Canson; 40 Minuten

MURRAY DEWHURST

Blick aus dem Hotelfenster, Rom

38 x 19 cm; Aquarellfarben Sennelier in halben Näpfchen, Pigment-Liner 0.5 Staedtler in Skizzenbuch Hahnemühle; 45 Minuten

Schaffen Sie mit Tonwerten Tiefe

Perspektive ist nicht die einzige Möglichkeit, die Illusion von Tiefe zu erzeugen. Auch Schatten erzeugen Räumlichkeit. Bei der »atmosphärischen« Perspektive wird diese Wirkung durch Tonwertabstufungen erzeugt.

Tipps

- ➔ Bestimmen Sie Ihre Augenhöhe.
- ➔ Um ein flaches Abbild der Szene zu erhalten und exakt Maß zu nehmen, schließen Sie ein Auge.
- ➔ Stehen Sie still, sonst verschieben sich die Fluchtpunkte.

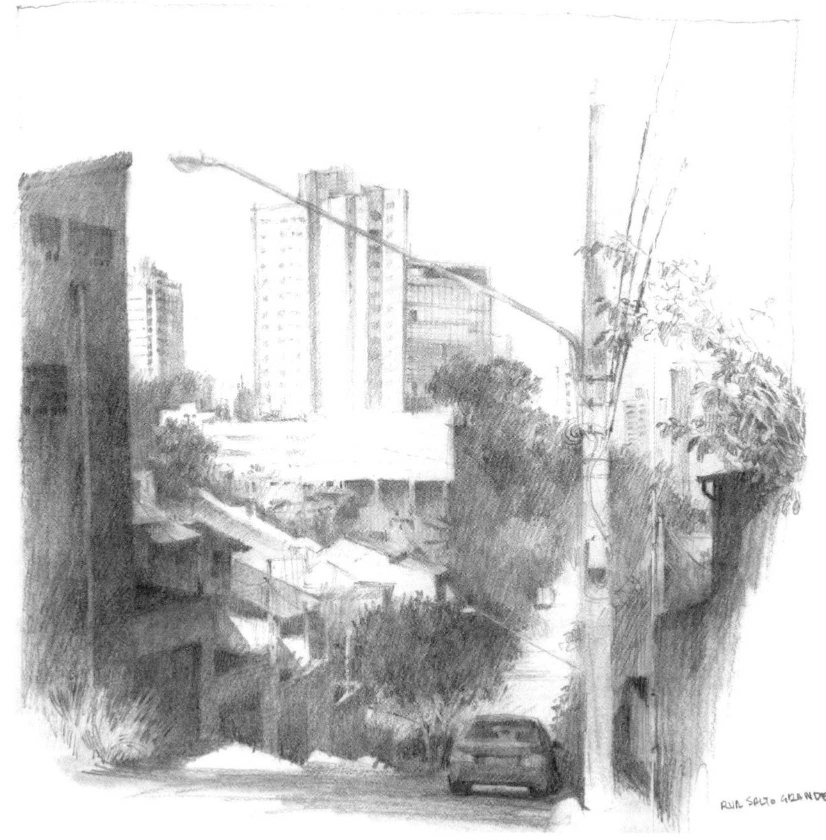

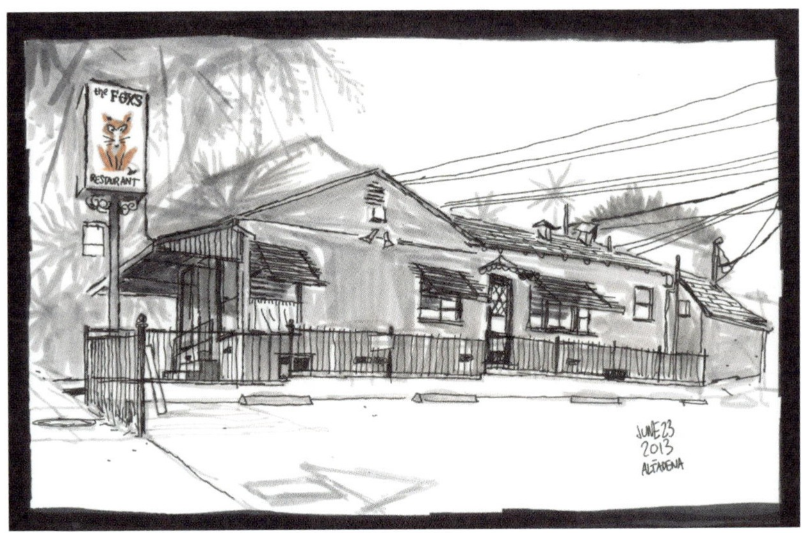

STÉPHANE KARDOS

Mister Fox

25,4 x 17,8 cm; Brush Pen Pentel in Grau und Schwarz und Permanentmarker in Skizzenbuch Seawhite of Brighton; 30 Minuten

Je weiter weg Gebäude sind, desto weniger Details brauchen sie. Das unterstreicht das Gefühl der Ferne.

EDUARDO BAJZEK

Anhöhe von Salto Grande, São Paulo

27,6 x 30 cm; Bleistifte 3B bis 7B und Papierwischer in Skizzenbuch Cachet Daler-Rowney; 2 Stunden

Workshop

- Zeichnen Sie Quader aus verschiedenen Blickwinkeln, auch die unsichtbaren Kanten, um ihre Struktur zu begreifen.
- Setzten Sie sich nach draußen, bestimmen Sie den Horizont und zeichnen Sie eine schematische Skizze mit mindestens fünf verschiedenen Fluchtpunkten.

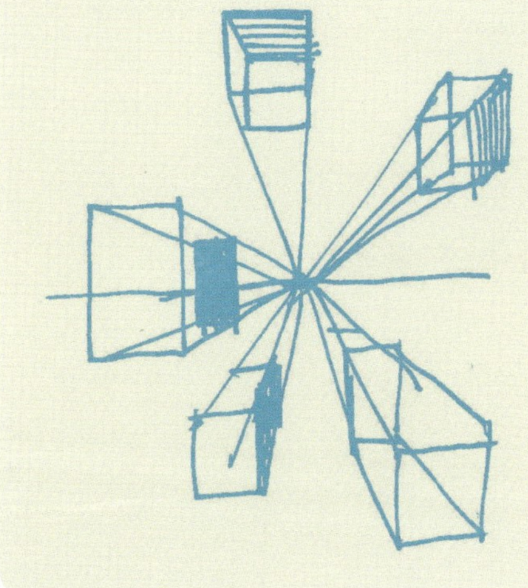

HIER IST PLATZ FUER IHRE SKIZZE!

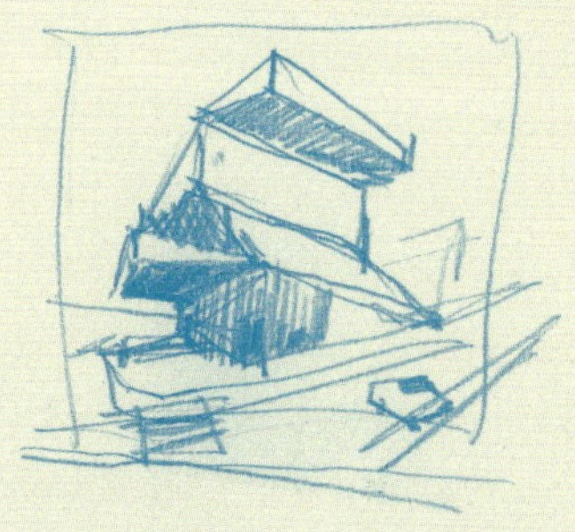

SCHLÜSSEL IV **KONTRAST**

Wenn ein Roman lebendige Beschreibungen enthält, die die Leser in die Szene hineinversetzen, sagen wir, er besitzt »Farbe«.

Beim Urban Sketching empfinde ich eine Skizze als farbig, wenn sie reich an Kontrasten und Details ist, ob sie nur schwarzweiß ist oder tatsächlich bunt.

Wozu den Aquarellkasten herausholen, um farbige Skizzen anzufertigen, wenn sie sich am Ende als langweilig erweisen? Möchten Sie nicht lieber Schwarzweißskizzen mit intensiven Tonwerten und Kontrasten machen? Ob Sie schwarzweiß oder farbig skizzieren, Ihre Architekturzeichnungen sollten auf jeden Fall kontrastreich sein. Ohne Kontrast sind Tiefe und Räumlichkeit, die den Gebäuden erst eine gewisse Stabilität verleihen, sehr schwer zu erreichen.

➲ NORBERTO DORANTES

Giralda, Sevilla

5 x 16 cm; Brush Pen Pentel in A4-Skizzenbuch; 30 Minuten

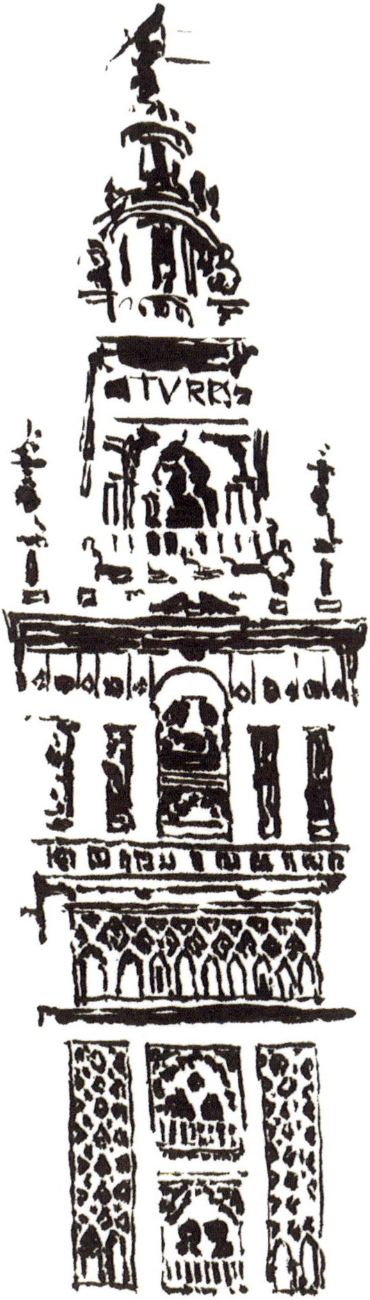

Workshop

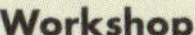

Zeichnen Sie von einer beleuchteten Straßenszene nur die Schatten, in Schwarz.

Schaffen Sie Schwarzweißkontraste

Wir wissen, dass die Welt nicht schwarzweiß ist, dennoch kann man eine Szene auf schwarze und weiße Bereiche reduzieren. Wo fällt Licht hin? Was liegt im Schatten? Indem Sie nur die dunklen Flecken zeichnen, deuten Sie gleichzeitig die hellen Bereiche an.

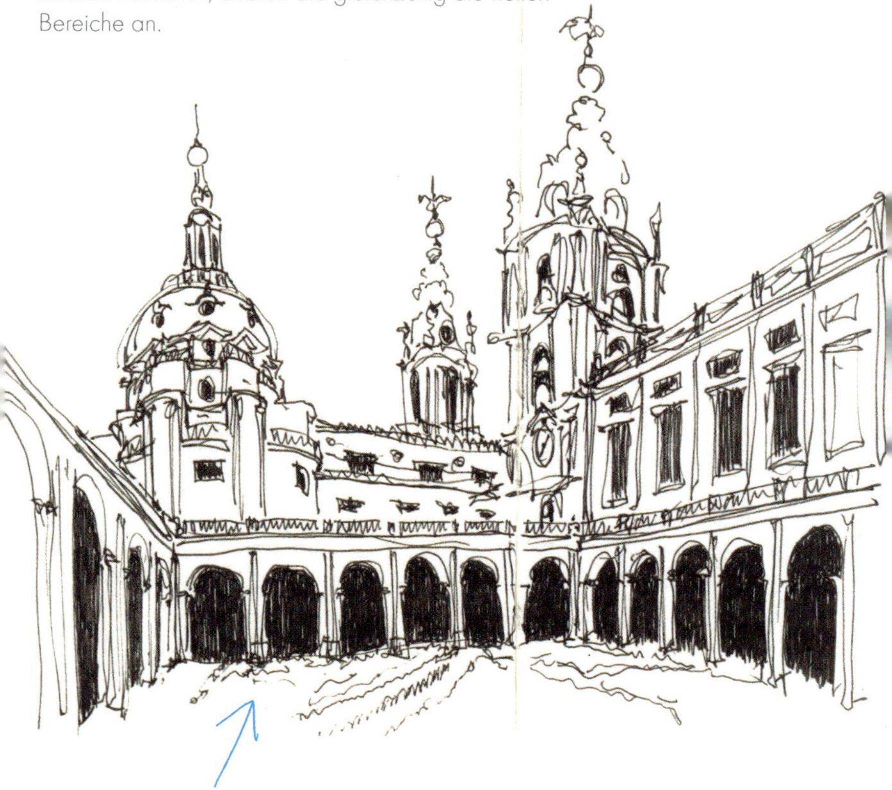

Fenster und Eingänge schaffen starke dunkle Bereiche, die schwarz ausgemalt werden können. Das verstärkt das kompositorische Gleichgewicht der Skizze.

MÁRIO LINHARES

Mafra, Portugal

20,3 x 10,2 cm; Fineliner 0.1 Uni Pin in Schwarz in Laloran-Skizzenbuch mit 180-Gramm-Papier Clairefontaine; 30 Minuten

Tipps

- Trainieren Sie Ihren Blick, um statt der Farben die Grauwerte einer Szene zwischen Licht und Schatten einzuschätzen.
- Beschreiben Sie, was Sie sehen, für sich selbst mit »bildlichen« Adjektiven: dunkel, hell, lang, hoch, groß, klein, krumm, gerade.

Schaffen Sie Kontraste in Grauwerten

Grauwerte zu skizzieren ist eine gute Übung, um Tonwertunterschiede zu begreifen. Lassen Sie alle Farben weg und bestimmen Sie zunächst den dunkelsten und den hellsten Punkt der Szene. Achtung, der Himmel ist nicht automatisch der hellste Bereich! Mit Bleistift, Aquarellfarben, Tuschelasuren oder Schraffuren mit Füller, Kugelschreiber oder Fineliner lässt sich die ganze Skala von Grauwerten abbilden.

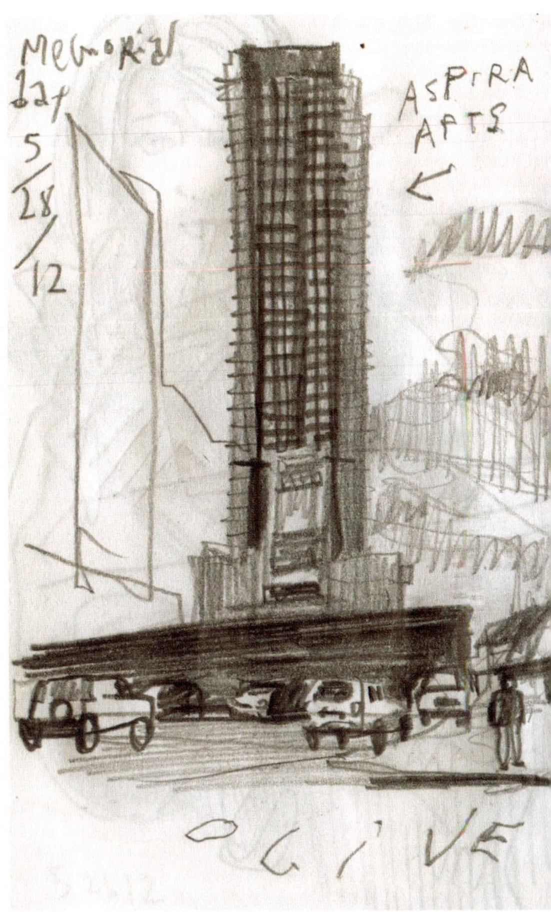

➲ Aspira Tower, Seattle

20,3 x 15,2 cm; Bleistift in Skizzenbuch Miquelrius; 20 Minuten

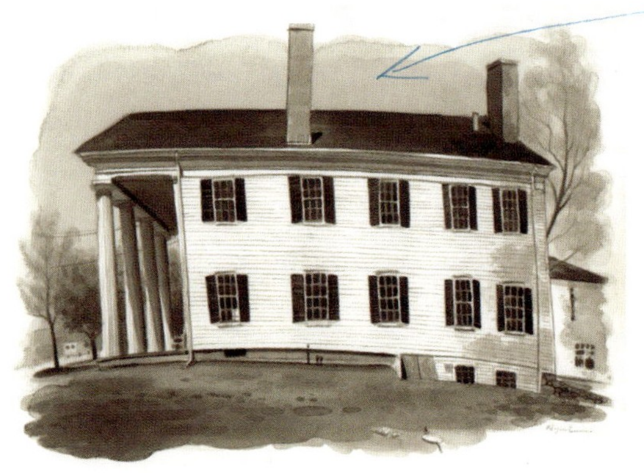

Durch mehrere Lasuren mit Tusche deckt Fred Lynch in dieser Skizze die ganze Palette von Grautönen ab.

FRED LYNCH

Robbins Hall, Lexington, Massachusetts

35,6 x 25,4 cm; Bleistift 2H und schwarze Tusche Winsor & Newton auf satiniertem Aquarellpapier Arches; 2 Stunden vor Ort, an einzelnen Stellen später im Atelier mit dunkler Tusche nachgearbeitet.

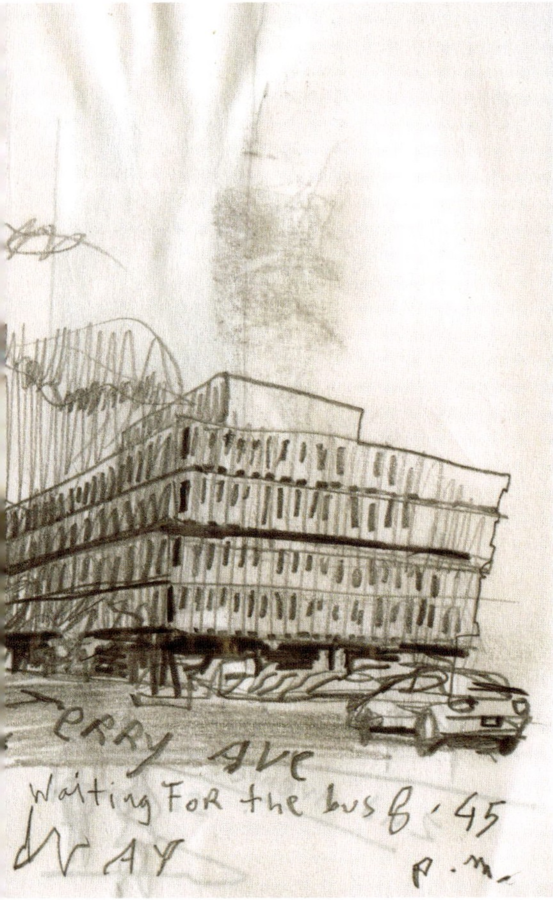

Workshop

Arbeiten Sie mit Bleistift, um Tonwertabstufungen genauer abschätzen zu lernen. Die Beschränkung auf einen Härtegrad hilft Ihnen dabei.

Kneifen Sie die Augen zusammen, um Tonwerte zu erkennen

Das bunte Kaleidoskop aus Farben und Helligkeiten draußen ist mit zusammengekniffenen Augen einfacher zu verarbeiten, denn dann verschwinden Details und scharfe Kanten, und die unterschiedlichen Tonwerte sind leicht zu erkennen. Ist die Straße heller oder dunkler als das Haus daneben? Die Fenster: heller oder dunkler als die Fassade?

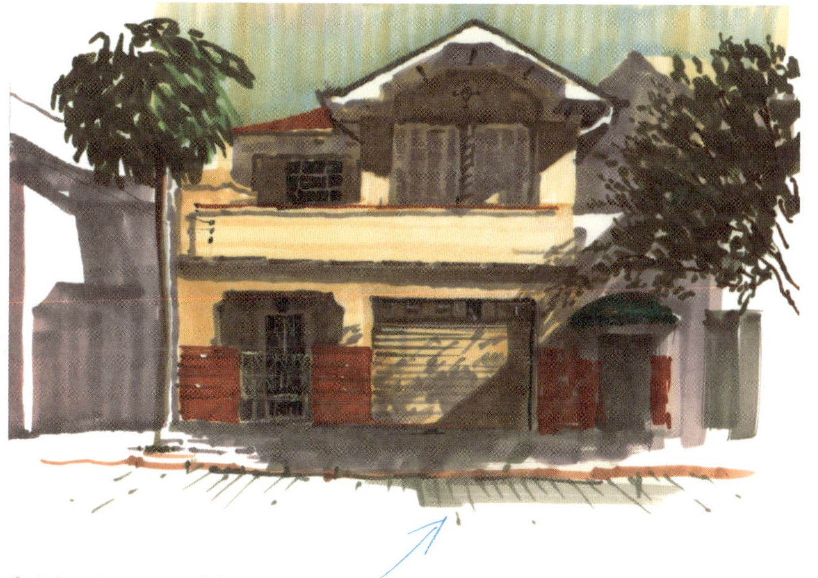

➲ Achten Sie genau auf die unterschiedlichen Tonwerte zwischen dunklen und hellen Bereichen. Scheuen Sie sich nicht, so dunkle Bereiche zu malen, denn sie *sind* so dunkel.

EDUARDO BAJZEK
Prato 7
25,4x 17,8 cm; Marker auf satiniertem Aquarellpapier Arches; 45 Minuten

➲ Mit zusammengekniffenen Augen lassen sich die Tonwerte einer Szene bestimmen und feststellen, ob sie Ihnen gelingen. Betrachten Sie nicht nur das Motiv mit zusammengekniffenen Augen, sondern auch Ihre Skizze. Entsprechen die Tonwerte auf dem Papier dem, was Sie sehen? Wenn Sie eine fertige Arbeit wie diese Kirche mit zusammengekniffenen Augen betrachten, erkennen Sie, ob die Tonwerte richtig umgesetzt wurden.

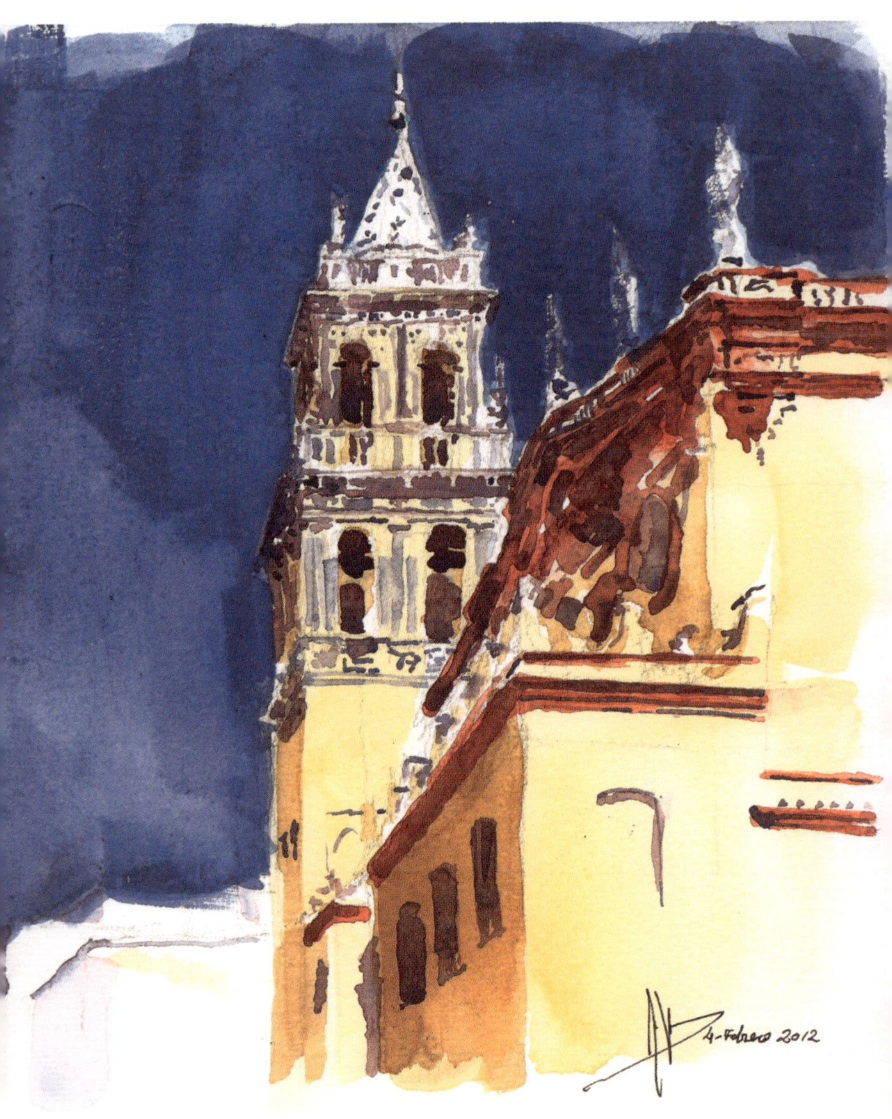

JOSÉ MARÍA LERDO

Iglesia de Santa Ana, Sevilla

19 x 21,6 cm; Aquarellfarben auf 240-Gramm-Papier Van Gogh; 1 Stunde

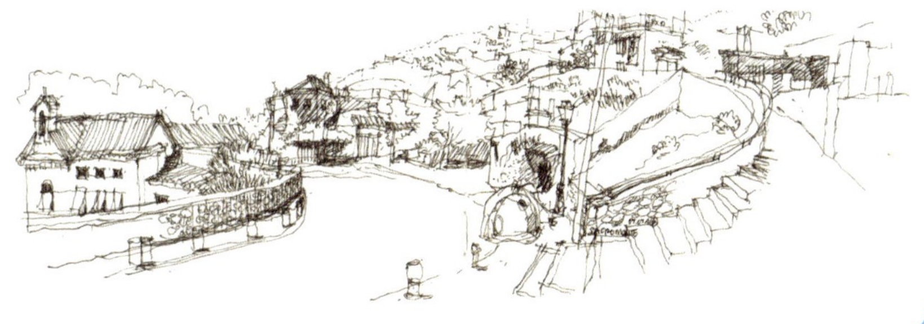

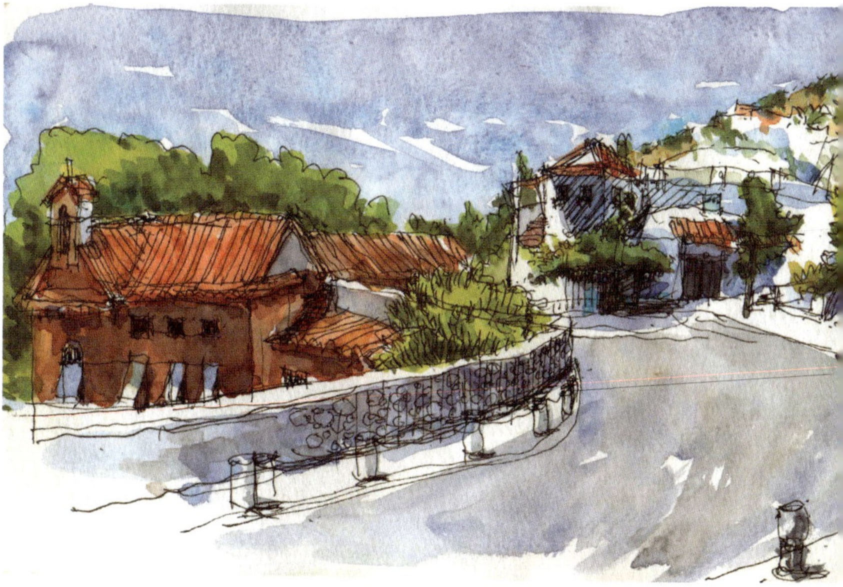

Mit Farben verstärken

Tusche und Aquarellfarben sind die beim Skizzieren am häufigsten verwendeten künstlerischen Mittel. Haben Sie vor Ort keine Zeit, Aquarellfarben aufzutragen, können Sie das später nachholen. Aber Ihre Zeichnung muss auch für sich allein Bestand haben. Das nachträgliche Kolorieren kann sie verstärken, aber es verwandelt eine schlecht komponierte Zeichnung nicht wie von Zauberhand in eine gute.

Beachten Sie, wie Wongs Komposition den hier erläuterten Prinzipien folgt: Zwei-Drittel-Regel, Tiefe und Kontrast. Die Aquarellfarben betonen die in der Zeichnung bereits vorhandenen Stärken.

GAIL WONG
Granada, Spanien
40,6 x 12,7 cm; Tusche und Aquarellfarbe in Aquarell-Skizzenbuch Moleskine; ca. 1 Stunde für die Zeichnung und 45 Minuten für das Aquarellieren.

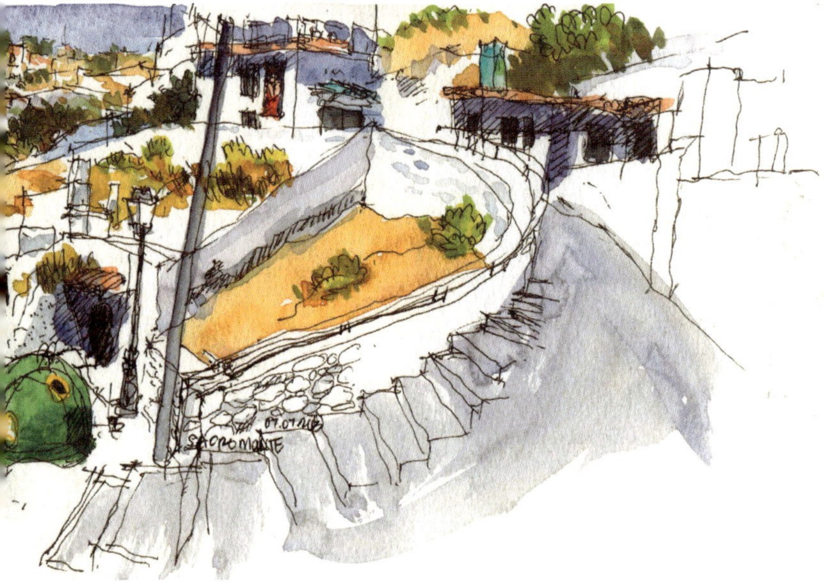

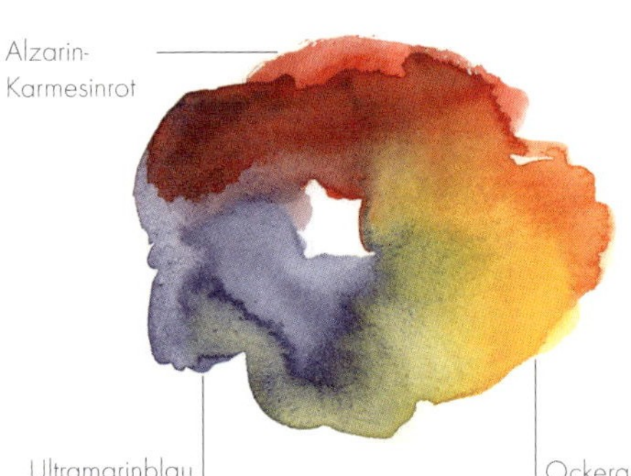

Werkzeugkasten

Als Anfänger sollten Sie statt der zwölf Farben, die sich in vielen Aquarellkästen finden, zunächst nur die drei Primärfarben benutzen. Auf diese Weise erschließen sich Ihnen die Beziehungen der Farben untereinander. Sie werden staunen. Würde die Farbpalette dieses Flecks Ihnen ausreichen?

HIER IST PLATZ FUER IHRE SKIZZE!

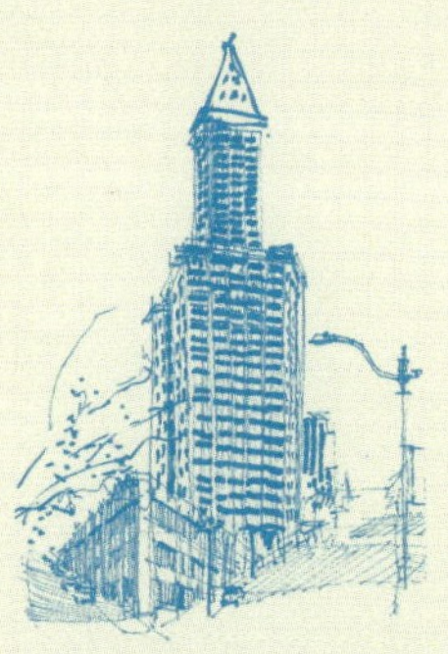

SCHLÜSSEL V
LINIE

Haben Sie je über die Art Ihrer Linien nachgedacht? Kurz, lang, gerade, gebogen, breit, dünn, kraftvoll, hart oder weich.

Linien sind das Rückgrat einer Zeichnung und beim Zeichnen von Architektur natürlich besonders wichtig. Kurze Linien in gleichmäßigem Abstand können eine Fensterwand darstellen. Durch lange, selbstbewusste Linien wird die Zeichnung des Empire State Building so solide und majestätisch wie das Gebäude selbst. Die architektonischen Details eines Barockbaus erfordern schnörkelige Linien oder gar Punkte.

Sie können nicht jedes Gebäude mit denselben Linien zeichnen. Variieren Sie Ihren Strich, und Ihre Arbeit wird interessanter und vielfältiger. Und denken Sie daran, dass eine selbstbewusst gezogene Linie – auch wenn sie an der falschen Stelle sitzt – tausendmal wertvoller ist als ein zögerlich gesetzter Strich.

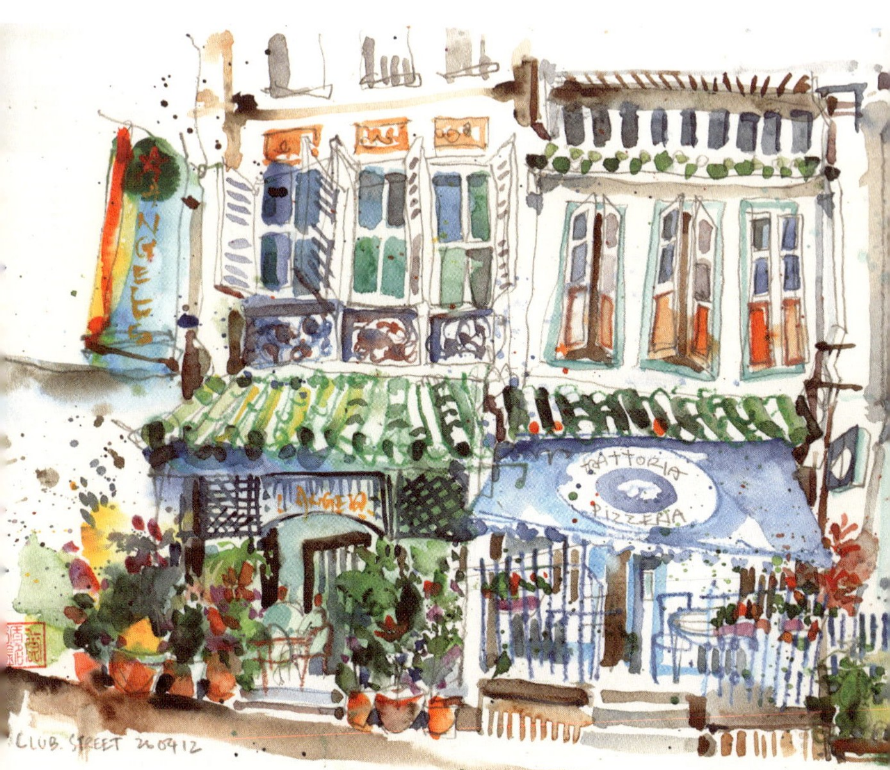

Suchen Sie nach Mustern und Wiederholungen

Fenster, Backsteine, Bögen. Wenn Sie sehr aufmerksam sind, erkennen Sie, dass die Stadtlandschaft voller sich wiederholender Formen ist. Auf Fassaden finden sich oft Muster. Zeichnen Sie eine Form, und schon haben Sie eine Vorlage für die nächste.

∩ PAUL WANG

Ladenhäuser in der Club Street, Singapur

29,2 x 22,9 cm; Bleistift, wasservermalbarer Farbstift und Aquarellfarben auf satiniertem 425-Gramm-Aquarellpapier Cotman; 1 Stunde

! Konzentrieren Sie sich auf die Zeichnung eines Fensters und wiederholen Sie diesen Vorgang, um die Reihe zu vervollständigen.

TEOH YI CHIE

Purvis Street, Singapur

33 x 43,2 cm; Füller Hero auf Aquafine 300-Gramm-Aquarellpapier Daler Rowney; 1,5 Stunden

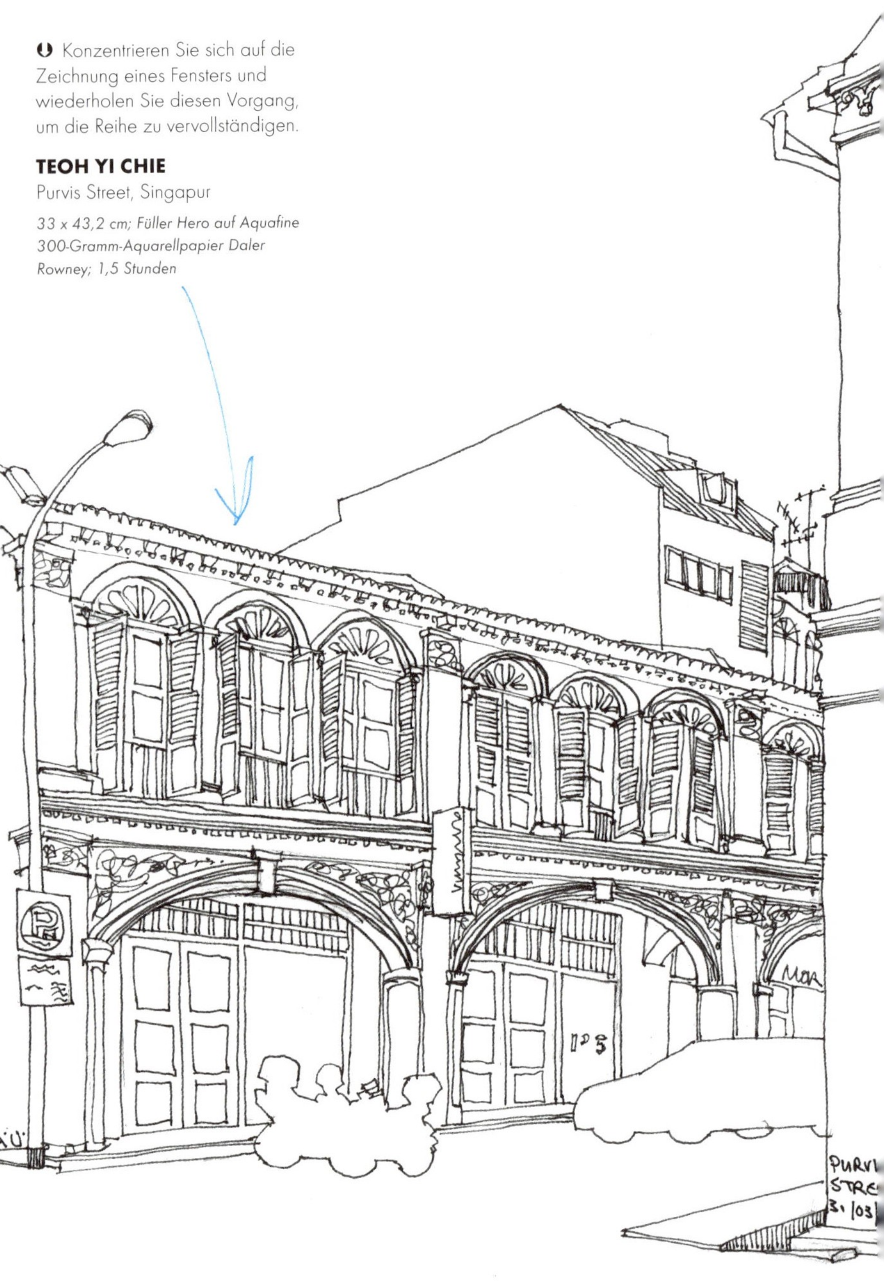

Seien Sie sparsam, übertreiben Sie es nicht

Unvollendet ist um Längen besser als übertrieben. Beim Skizzieren geht es um Andeutungen, Sie können also nichts falsch machen, wenn Sie zu sparsam sind oder zu früh aufhören. Jede Linie zählt, aber zu viele Linien verderben eine Skizze leicht.

➊ Die geraden Linien des Gebäudes kontrastieren mit den geschwungenen Linien des Wassers.

Madison Park, Seattle

20,3 x 15,2 cm; G-Tec Pilot in Gamma-Skizzenbuch Stillman & Birn; 30 Minuten

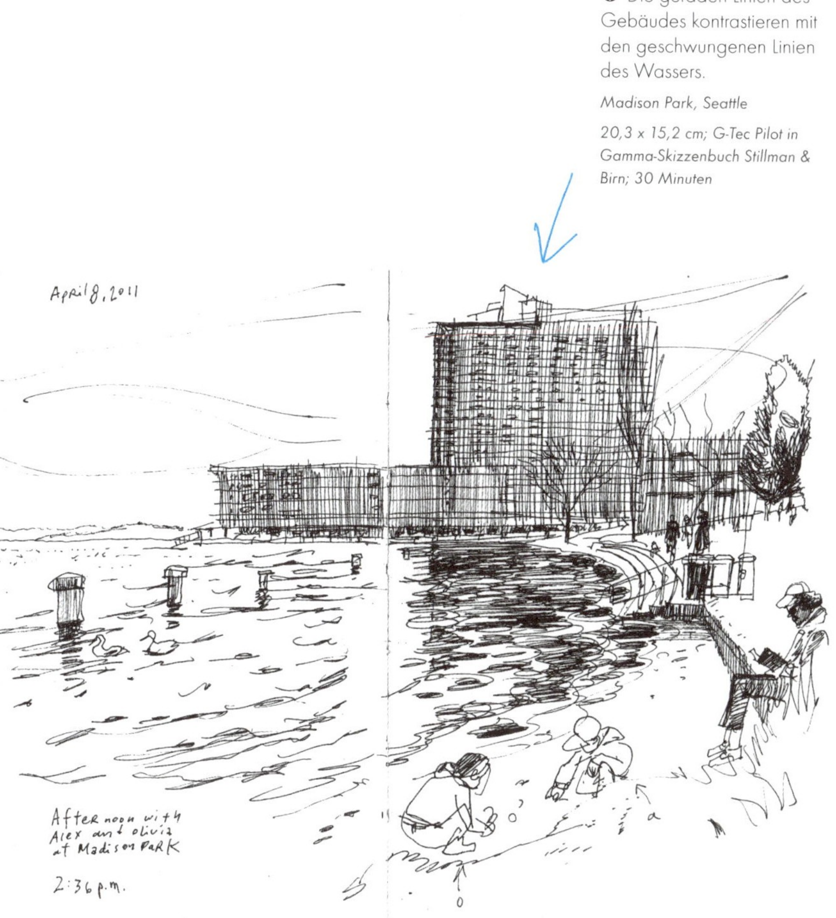

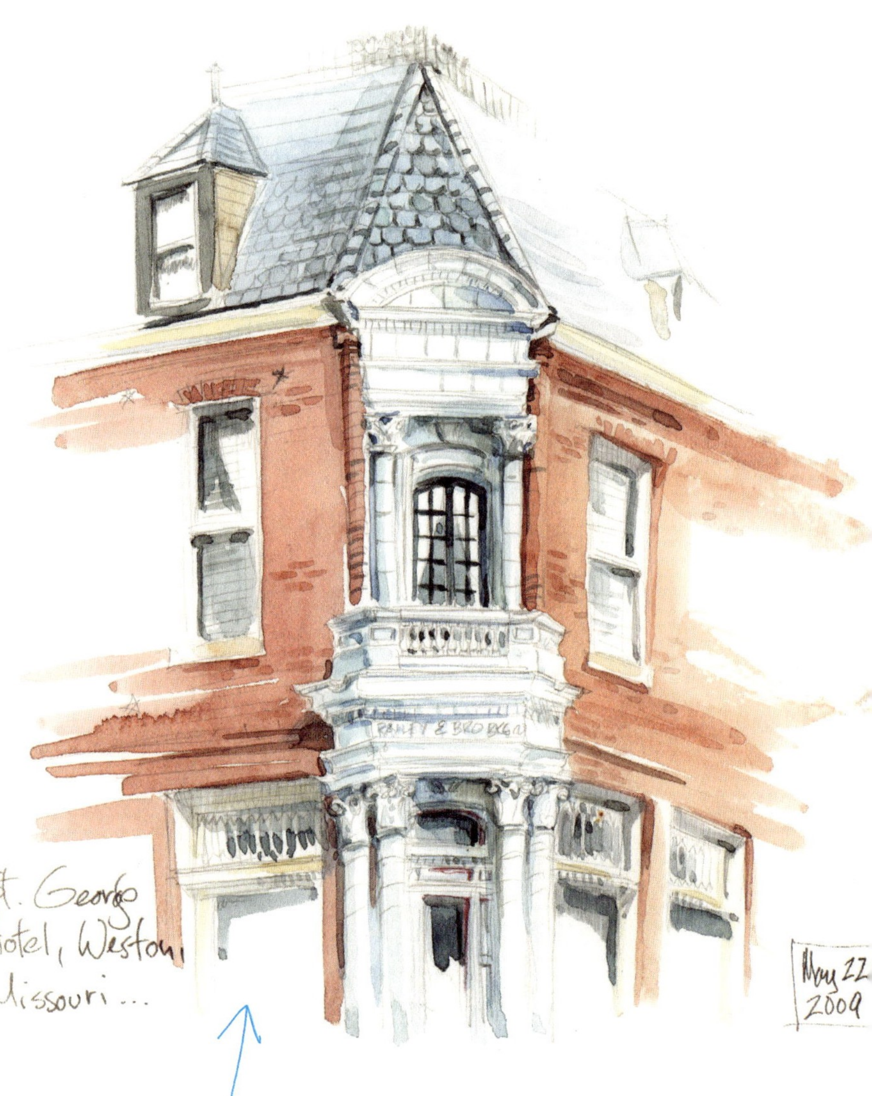

➊ Sparsamkeit tut auch Aquarellskizzen gut. Sie müssen nicht jeden einzelnen Backstein abbilden – weniger ist mehr.

CATHY JOHNSON
Saint George Hotel, Weston, Missouri

21 x 17,8 cm; Bleistift und Aquarellfarbe in selbstgebundenem Skizzenbuch aus satiniertem Aquarellpapier Fabriano; 45 Minuten

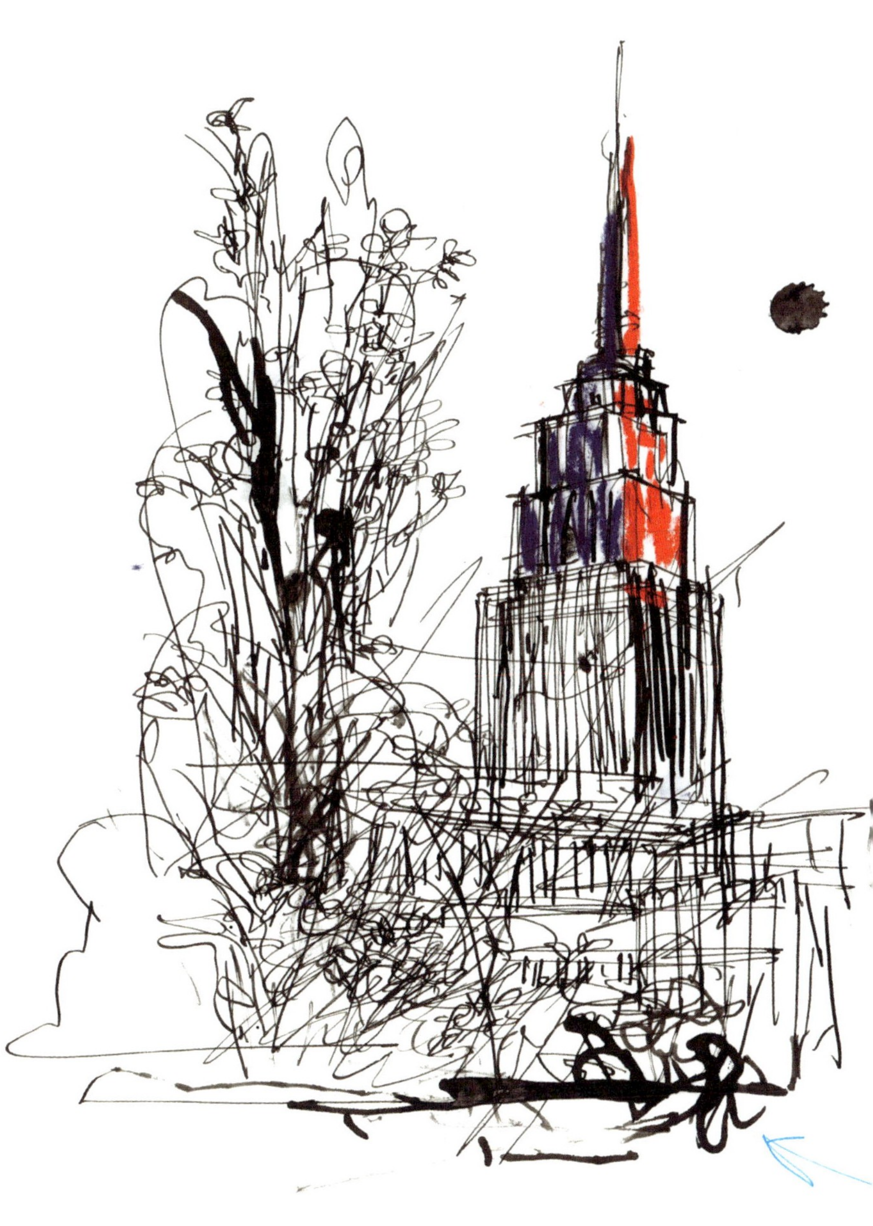

Twist and Shout

Eine Skizze ist wie ein Gespräch, mal leise, mal laut, um etwas zu betonen. Bestimmte Bereiche einer Skizze können Sie hervorheben, andere bewusst zurückhaltend darstellen, indem Sie Ihre Linien in verschiedene Richtungen fließen lassen und die Strichbreite variieren. Das geht, ohne Komposition und Tiefe zu vernachlässigen.

MANFRED SCHLOESSER

Europahafen, Bremen

20,3 x 12,7 cm; PITT Artist Pen Faber-Castell auf Papier in Skizzenbuch Moleskine; 10 Minuten

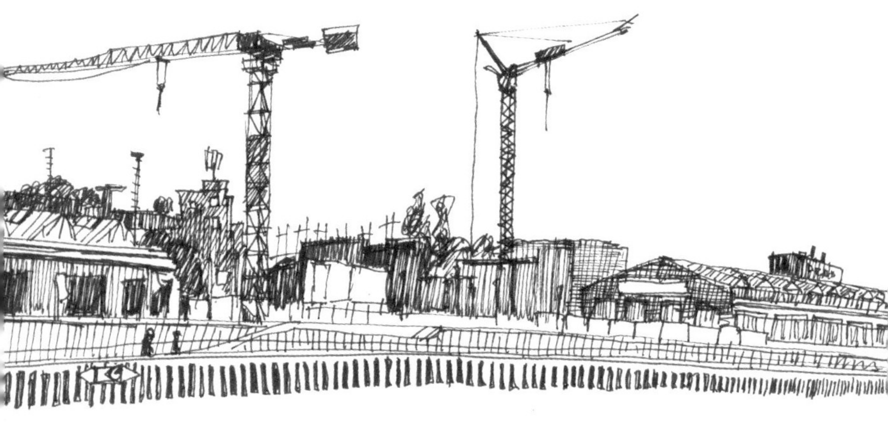

Mit einer altmodischen Zeichenfeder können Sie individuelle Striche in unterschiedlicher Breite ziehen.

VERONICA LAWLOR

Empire State Building, New York

23 x 30,5 cm; Zeichenfeder und schwarze Tinte von Higgins, Buntstifte in 601-Skizzenbuch Bienfang; ca. 20 Minuten

Selbstbewusste, gerade Linien verleihen dem Dargestellten Stabilität

Können Sie eine gerade Linie ziehen? Und zwei parallele gerade Linien? Leichter gesagt als getan. Um Gebäude glaubhaft zu zeichnen, ist das unabdingbar. Dabei macht es nichts, wenn die Linien nicht absolut an der richtigen Stelle sind. Souverän gesetzt, tragen sie trotzdem zum Charakter der Zeichnung bei.

➲ Das Gebäude ist nicht einmal am Boden verankert, trotzdem erweckt es dank Dorantes' selbstbewusster Linien einen soliden Eindruck.

NORBERTO DORANTES
Edificio Aguas Argentinas, Buenos Aires

28 x 19 cm; Art Pen F mit Tinte und Aquarellfarben in A4-Skizzenbuch Canson; 40 Minuten

Tipps

- ➔ Gerade Linien zeichnen sich leichter, wenn man das Handgelenk nicht bewegt, sondern den ganzen Arm über das Papier zieht und die Hand dabei sanft über die Seite gleiten lässt.
- ➔ Variieren Sie die Richtung der Linien, um Muster und Texturen zu schaffen.

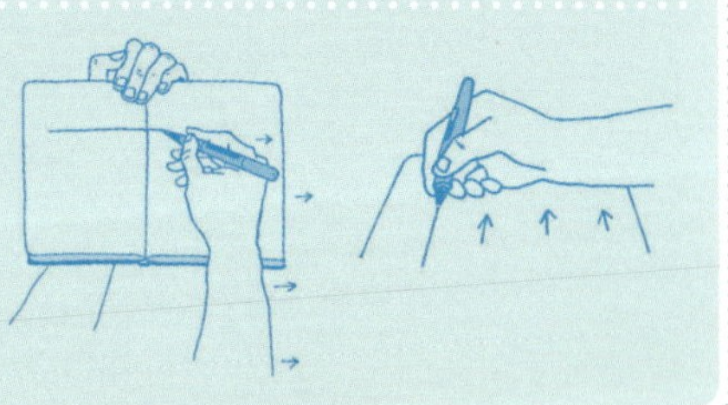

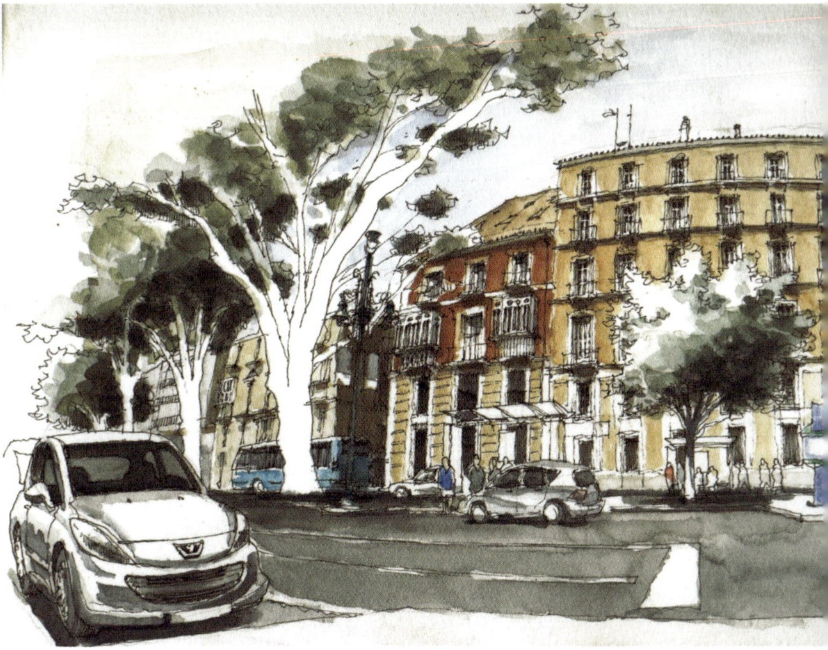

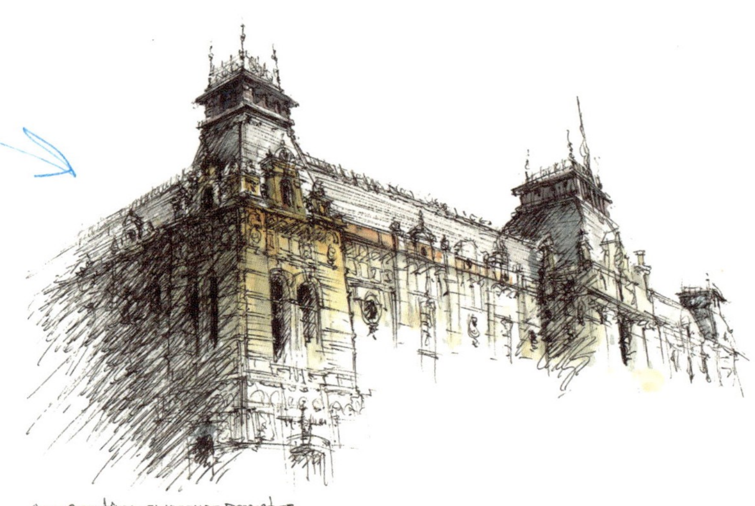

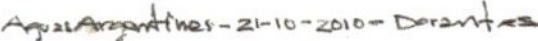

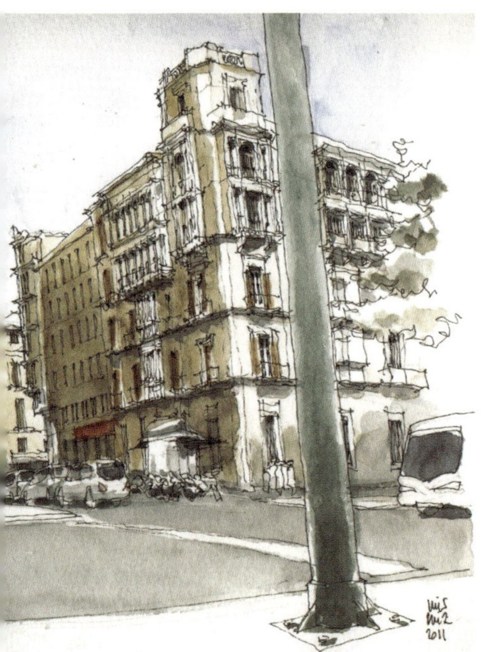

LUIS RUIZ

Alameda Principal, Málaga

47 x 21,6 cm; Tusche und Aquarellfarben auf 300-Gramm-Aquarellpapier Canson Montval; ca. 2 Stunden

Workshop

Üben Sie auf einem Blatt Papier gerade, parallele Linien zu ziehen. Ohne Lineal!

HIER IST PLATZ FUER IHRE SKIZZE!

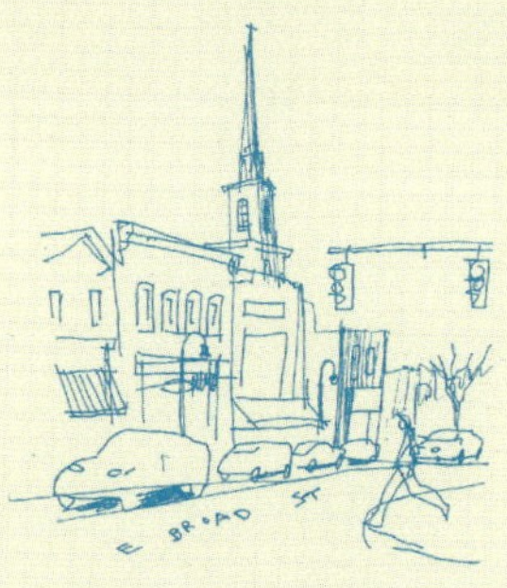

SCHLÜSSEL VI
KREATIVITÄT

Ein Gebäude ist ein Gebäude. Kann man es wirklich auf so viele verschiedene Arten zeichnen?

Ich glaube schon. Nicht jede Stadtansicht muss locker skizziert sein. Wenn Sie Lust haben, zwei Stunden vor Ort zu zeichnen und Ihre Skizze anschließend zu Hause noch eine Stunde lang systematisch zu kolorieren, warum nicht?

Manche sind der Meinung, auf ein Kunstwerk solle man nichts schreiben, aber ich notiere auf meinen Zeichnungen gern die Straßenamen, und ich kenne einen Zeichner, der dazu noch die Temperatur festhält.

Je mehr Sicherheit Sie beim Zeichnen vor Ort gewinnen, desto kreativer können Sie werden und so skizzieren, wie es Ihrer Stimme und Ihrer Persönlichkeit entspricht.

Skizzen übermitteln Botschaften

Beim Betrachten einer Skizze suche ich nach Bedeutung. Wie lautet die Botschaft? Ein kreativer Zeichner findet eine Möglichkeit, Kontakt zum Betrachter herzustellen, wie Melanie Reim in dieser Zeichnung, indem Sie nur die Taxis koloriert, die die Straße verstopfen.

MELANIE REIM

Taxigedränge

30,5 x 30,5 cm; Füller Pelikan 200 mit Old-Manhattan-Black-Tinte Noodler's in Studio-Skizzenbuch Cachet; 15 Minuten

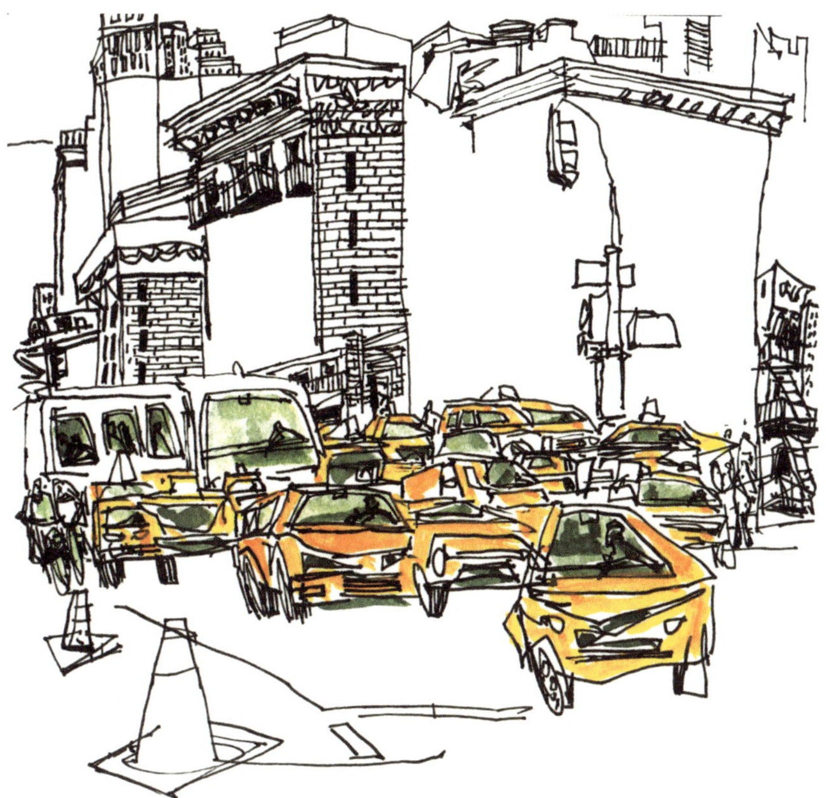

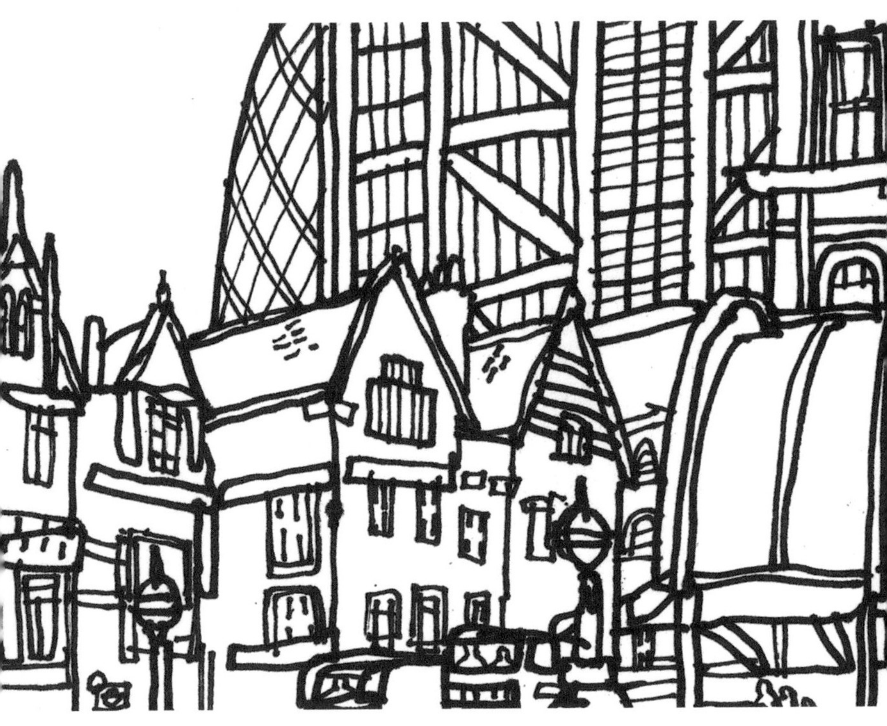

Sie müssen nicht dieselben Zeichenwerkzeuge benutzen wie andere. Finden Sie heraus, welche Stifte am besten zu Ihrem Zeichenstil passen. James Hobbs ist begeistert von den kühnen Strichen seiner dicken Filzstifte.

JAMES HOBBS
Bishopsgate, London
15,2 x 10,2 cm; Permanent-Marker Pentel NMS50 in 140-Gramm-Skizzenbuch Seawhite of Brighton; 15 Minuten

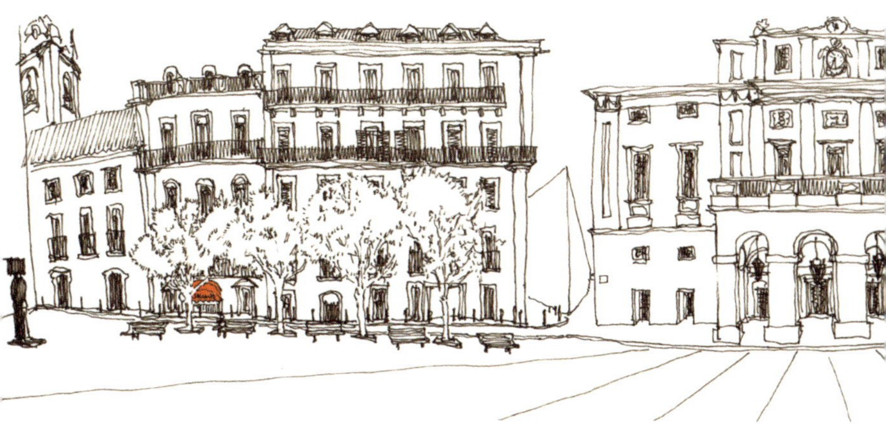

Nehmen Sie sich künstlerische Freiheit

Bei dieser Skizze hat der portugiesische Zeichner Mário Linhares eine originelle Herangehensweise gewählt: Er hat die Fassaden aller vier Seiten eines Platzes in Lissabon zu einem durchgängigen Panorama aneinandergefügt. Ist das nicht raffiniert?

MÁRIO LINHARES

Largo de São Carlos, Lissabon

56 x 17,8 cm; Multiliner SP 0.2 Copic mit schwarzer Tusche auf 220-Gramm-Papier Conqueror Stonemarque; 1,5 Stunden

Ordnen Sie die Elemente spielerisch an

Es macht Spaß, Zeichnungen architektonischer Details auf einer Doppelseite anzuordnen. Betrachten Sie jede Skizze als Teil eines größeren Mosaiks. Ordnen Sie mittelgroße und kleinere Skizzen um eine große zentrale Zeichnung herum an und fügen Sie Schrift hinzu.

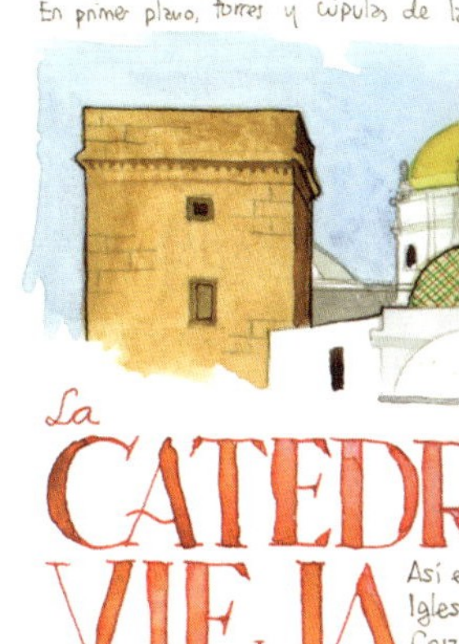

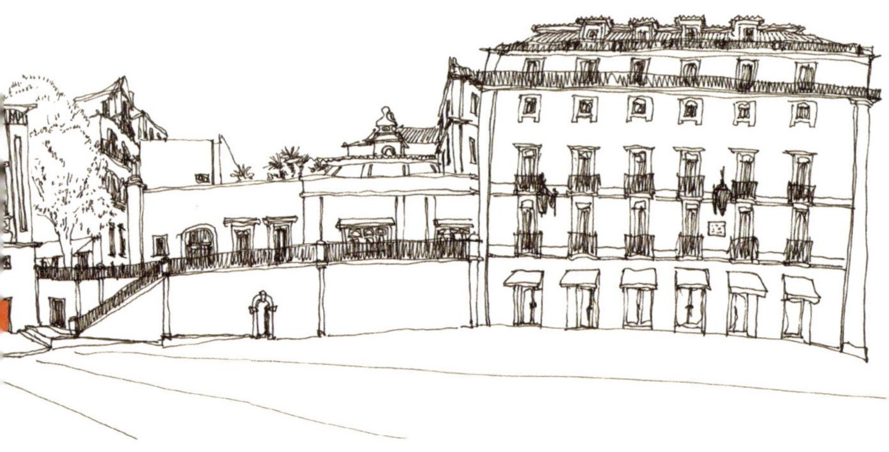

↑ Eine tolle Übung, um eine Vorstellung von städtischen Räumen zu bekommen, ist das Zeichnen eines Stadtplans.

JOAQUÍN GONZÁLES DORAO

Catedral Vieja, Cádiz

40,6 x 15,2 cm; Aquarellfarben und Filzstift in Laloran-Skizzenbuch aus 200-Gramm-Papier Claire-fontaine; ca. 3 Stunden

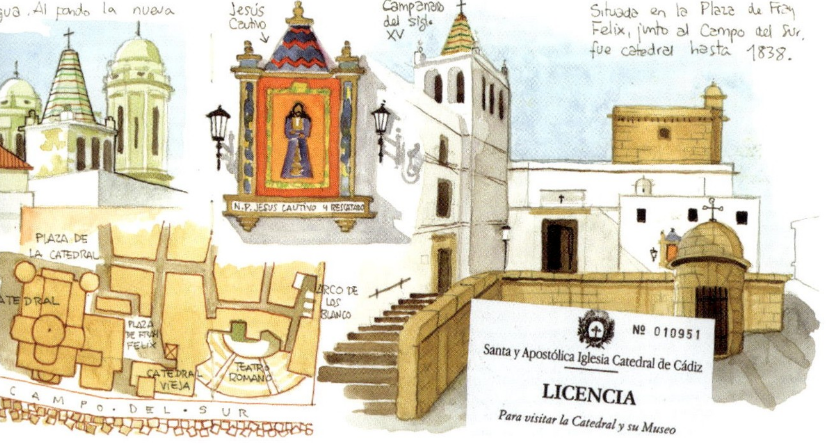

Bemühen Sie sich um Authentizität, entwickeln Sie Ihren eigenen Stil

Es gibt tausend Arten, etwas zu zeichnen. Die für Tia Boon Sims Skizzen so typischen wahllosen Farbspritzer würden bei Steven Reddy nicht funktionieren. Reddys Handschrift wiederum sind geschwungene Linien und satte Farben. Jede künstlerische Arbeit spricht für sich, doch sie erfüllen alle in diesem Buch erläuterten Kriterien: Komposition, Tiefe, Maßstab, Kontrast, Linie und Kreativität.

➲ STEVEN REDDY

St. Spiridon Cathedral, Seattle

21 x 29,7 cm; Tintenkugelschreiber Uni-Ball, schwarze Tusche und Aquarellfarben in All-Media Skizzenbuch Canson mit Spiralbindung 23 x 30,5 cm; 2 Stunden vor Ort und 1,5 Stunden im Atelier zum Kolorieren

TIA BOON SIM

Marina Bay Sands, Singapur

25,4 x 25,4 cm; Füller Hero, Modell M86, Tinte und Aquarellfarben auf Aquafine-Papier Daler Rowney; 1 Stunde

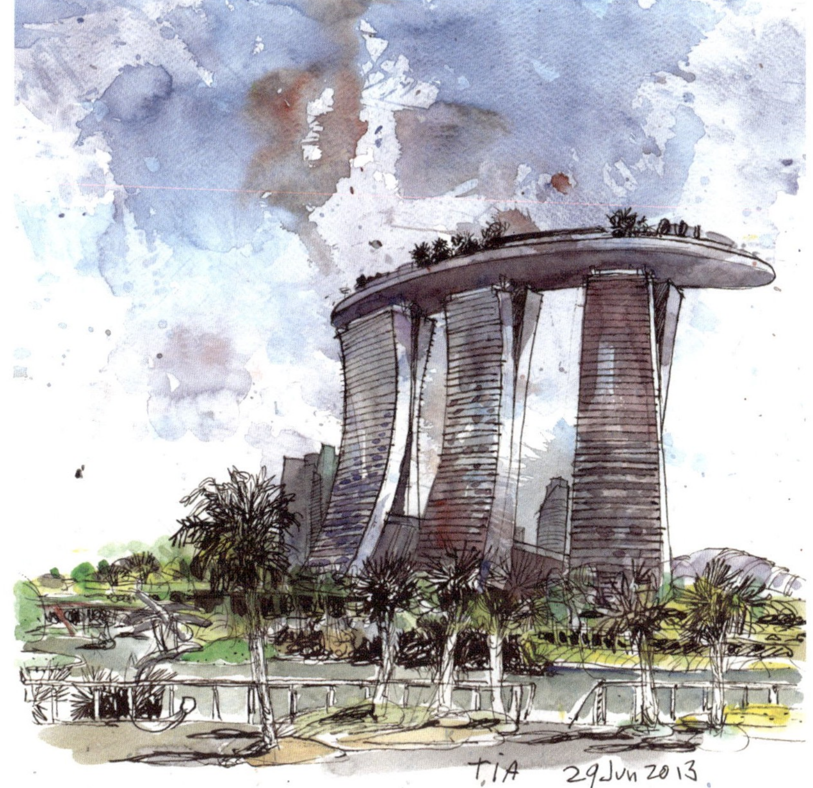

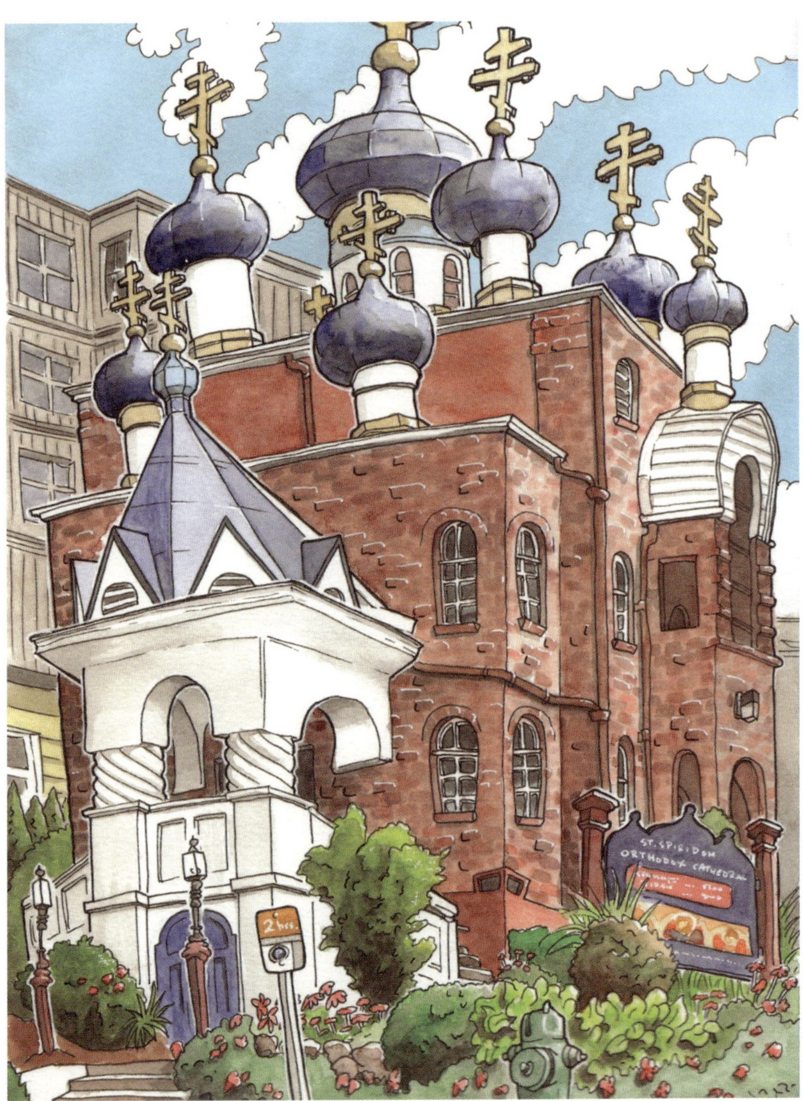

Tipp

Den eigenen Stil zu entwickeln braucht Zeit. Seien Sie geduldig. Wenn Sie zu schnell aufgeben, finden Sie ihn nie. Von zehn Skizzen bin ich oft nur mit einer zufrieden, doch das treibt mich voran. Denken Sie an Goya, der im hohen Alter sagte: »Noch immer lerne ich.«

HIER IST PLATZ FUER IHRE SKIZZE!

GALERIE I
BLEISTIFT

Der Bleistift ist ein äußerst vielseitiges und preiswertes Zeichenwerkzeug. Mit mehr oder weniger Druck gelingen Ihnen ganz leicht unterschiedlich breite und dunkle Striche.

Wenn Sie Stadtansichten mit Bleistift zeichnen, ziehen Sie zuerst zarte Konstruktionslinien, um den Horizont zu bestimmen und die wichtigsten Bereiche der Skizze zu umreißen. Dieses Skelett der Gebäude müssen Sie hinterher nicht ausradieren. Wenn Sie selbstbewusstere Linien darüberziehen, wird es Teil des Hintergrunds.

Mit einem Bleistift können Sie dunkle schattige Bereiche zeichnen, die der Szene Räumlichkeit geben. Verreiben Sie den Graphit mit den Fingern, um den Himmel oder die Textur einer Landschaft zu glätten.

Linie. Schatten. Textur – ein Bleistift kann all das und mehr. Unterschätzen Sie ihn nicht.

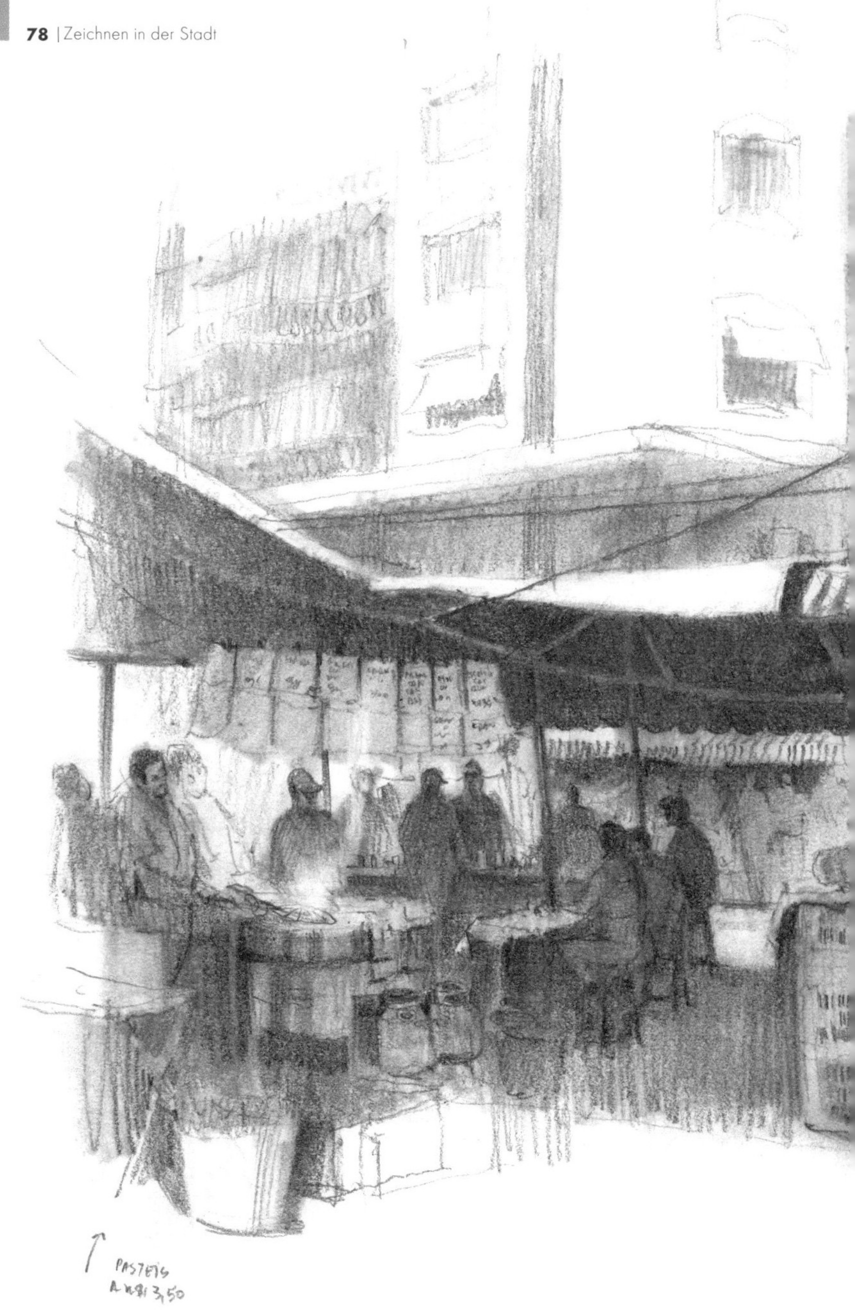
PASTEIS
LARGO STA CECILIA
26.08.2012
DOMINGO, DIA DE FEIRA
C/ CAMILA
DIA DE ENCONTRO MENSAL DE URBAN SKETCHERS.
ANA GIL, SCHADEK E JOEL.
DA ESQUERDA. LEVEI CERCA DE 1,5 HORA PARA
FAZER O DESENHO.

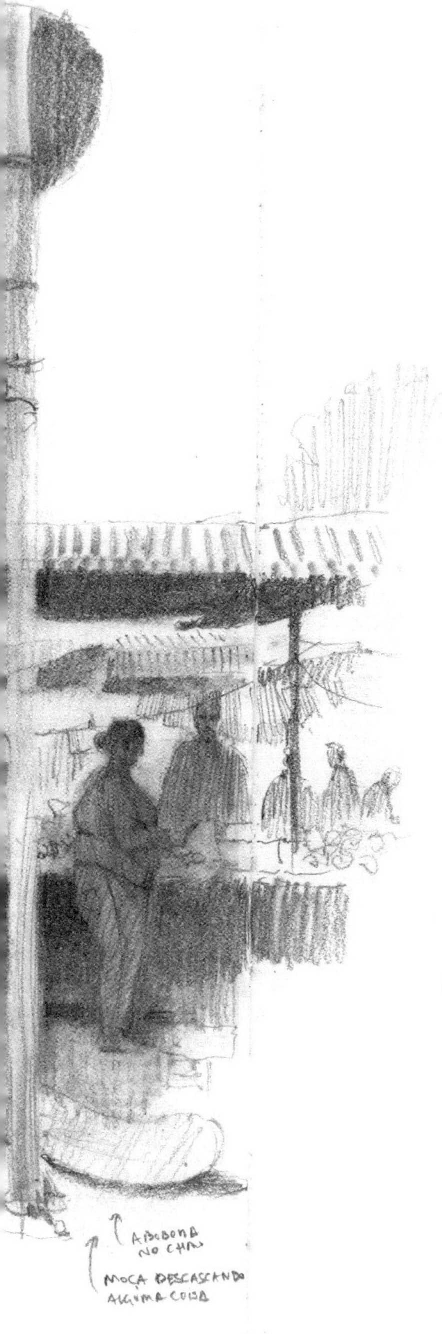

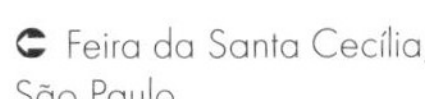

Feira da Santa Cecília, São Paulo

25,4 x 28 cm; Bleistifte 3B bis 7B und Papierwischer in Skizzenbuch Cachet Daler-Rowney; 1,5 Stunden

»Die malerische Herangehensweise habe ich mit verschiedenen künstlerischen Mitteln entwickelt. Darunter ist der Bleistift, finde ich, das einfachste, weil man nicht von Farben abgelenkt wird und sich ganz auf die Formen konzentriert.« — Eduardo Bajzek

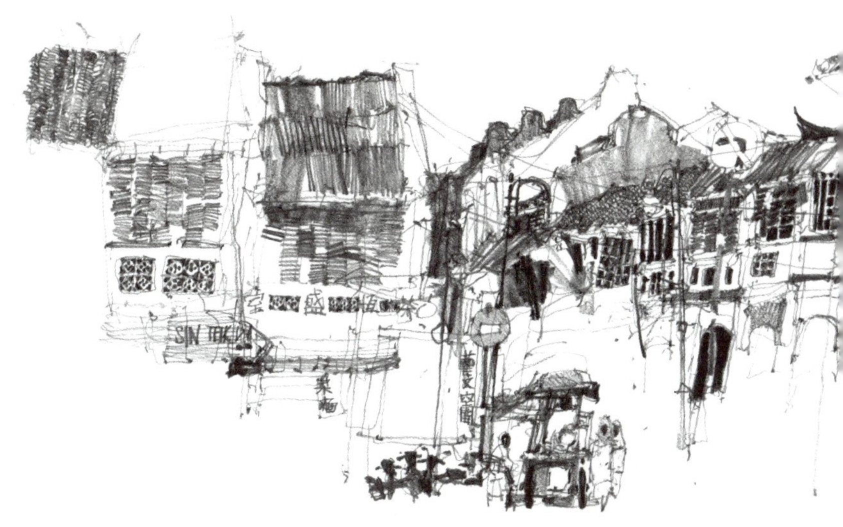

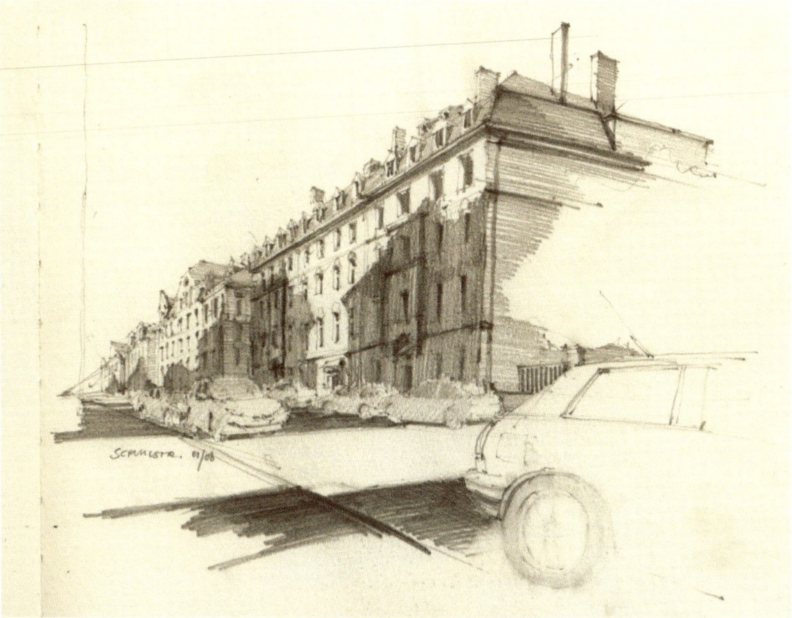

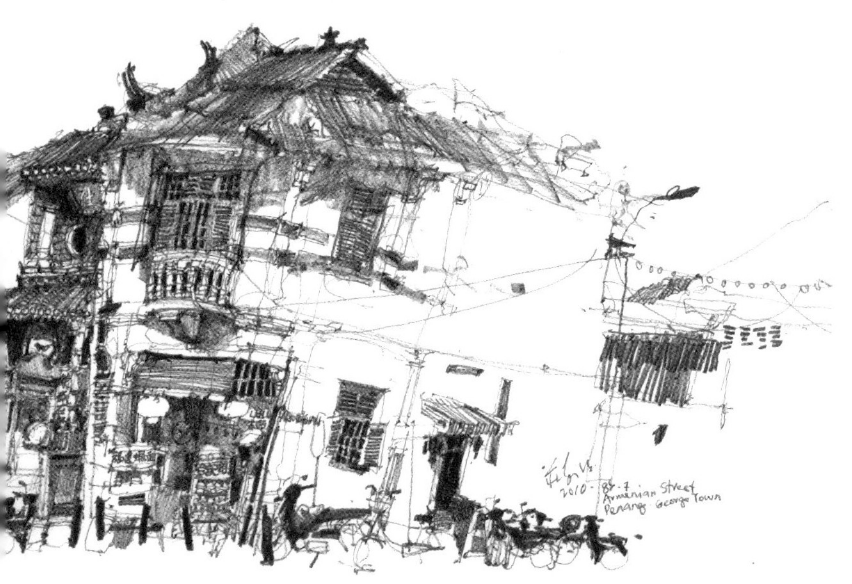

⮉ Armenian Street, George Town, Penang

76,2 x 28 cm; Graphit auf dickem Zeichenpapier; ca. 2,5 Stunden

»Das Skizzieren mit Graphit ermöglicht mir eine gute Kontrolle über die verschiedenen Tonwerte, auch wenn alle schwarzweiß sind. Normalerweise bevorzuge ich das weichste Graphit, 9B, dazu 6B und 4B.«

– Ch'ng Kiah Kiean

⮌ Schulstraße, München

15,2 x 12,7 cm; Bleistift 2B Faber-Castell in Skizzenbuch Boesner; ca. 40 Minuten

»Der Bleistift ist das direkteste, vielseitigste und sensibelste Zeichenwerkzeug. Man kann damit sehr dünne, zarte Linien ziehen, durch mehr Druck dicke Linien oder mittels Schraffuren dunkle Schatten erzeugen.«

– Florian Afflerbach

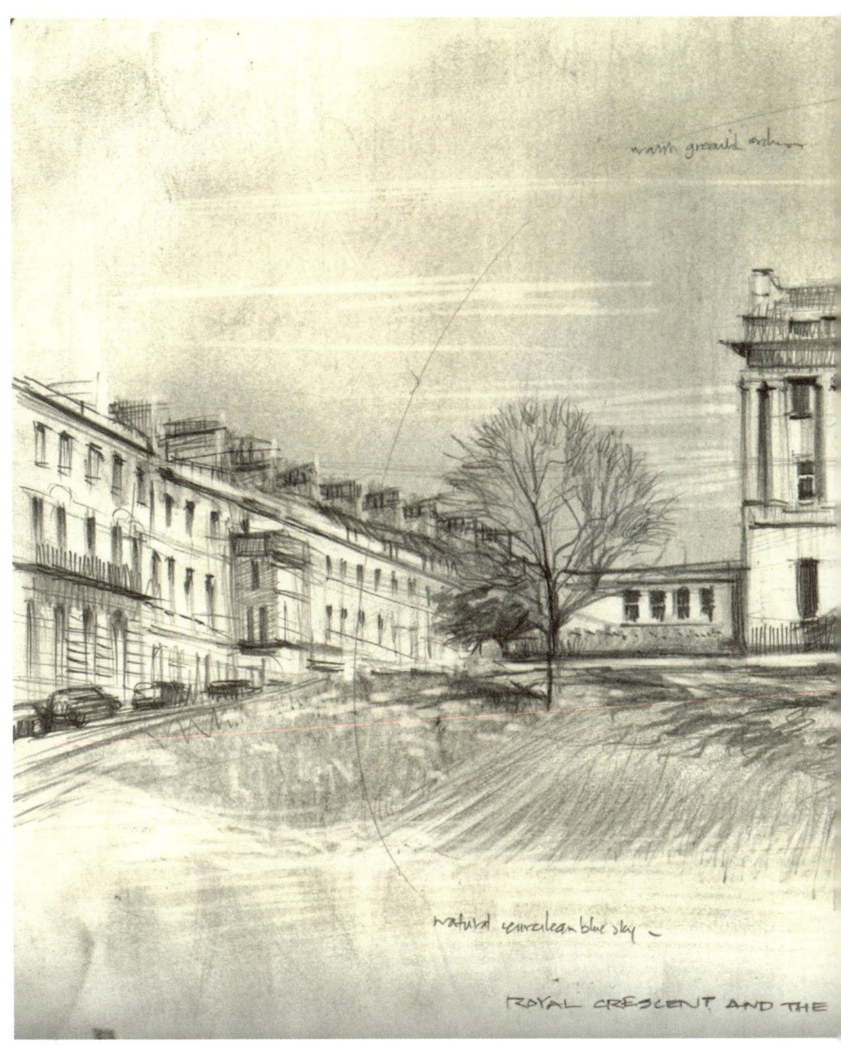

»Beim Skizzieren von Architektur mit Bleistift kommt es sehr darauf an, wie man den Bleistift spitzt. Mit einer Cutter-Klinge lässt sich der Bleistift für breite Striche wie ein Spitzmeißel herrichten. Feine Details zeichne ich mit einem Drehbleistift. Für besondere Effekte lässt sich Graphitpulver mit Wasser verschmieren oder sogar verrühren.«

– Adebanji Alade

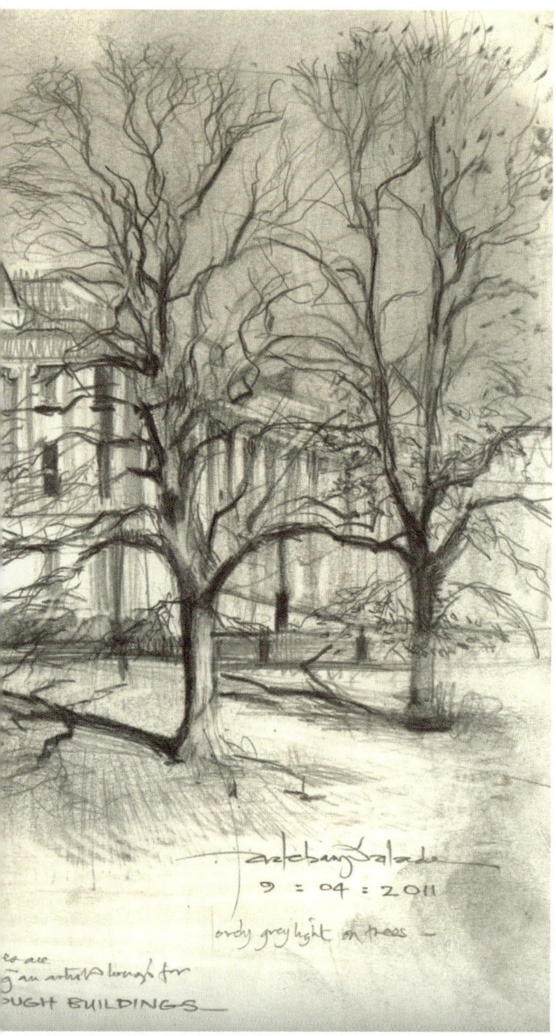

Royal Crescent und Marlborough Buildings, Bath

28 x 21,6 cm; Graphit in Skizzenbuch Moleskine; ca. 1,5 Stunden

HIER IST PLATZ FUER IHRE SKIZZE!

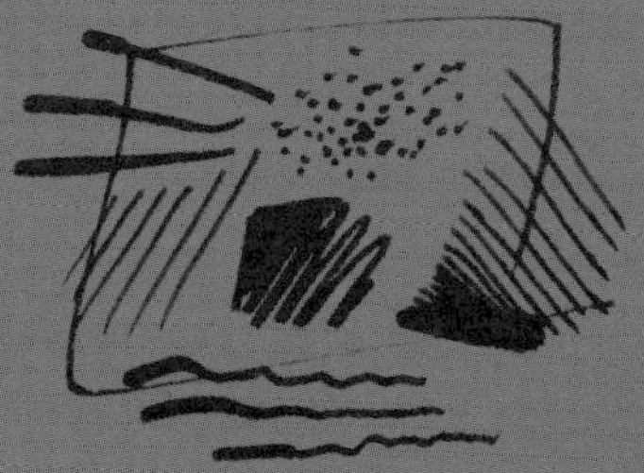

GALERIE II
FÜLLER, KUGEL-SCHREIBER UND FINELINER

Direkt mit Füller, Kugelschreiber oder Fineliner zu zeichnen kann einschüchternd sein, besonders wenn ein Gegenstand so wenig verzeiht wie Architektur. Doch es geht uns nicht um fehlerlose Abbildungen. Jeder Strich zählt, auch die, die danebengehen, denn sie zeigen den Zeichenprozess und machen eine Skizze interessanter, als wenn Sie jeden Fehler ausmerzen.

Mit Füller, Kugelschreiber oder Fineliner zu zeichnen kann auch befreiend sein – ähnlich wie das Schwimmen in kaltem Wasser. Zuerst erschrecken Sie vielleicht, doch sobald Sie eine Weile herumplanschen, gewöhnen Sie sich an die Temperatur. Das anfängliche Zögern lässt sich leicht mit ein paar kleinen, schnellen Skizzen überwinden oder indem Sie da, wo Linien hinsollen, erst einmal nur Punkte aufs Blatt setzen. Punkte sind nicht so leicht zu erkennen, falls Sie zu viel Angst davor haben, die Linien an der falschen Stelle zu ziehen.

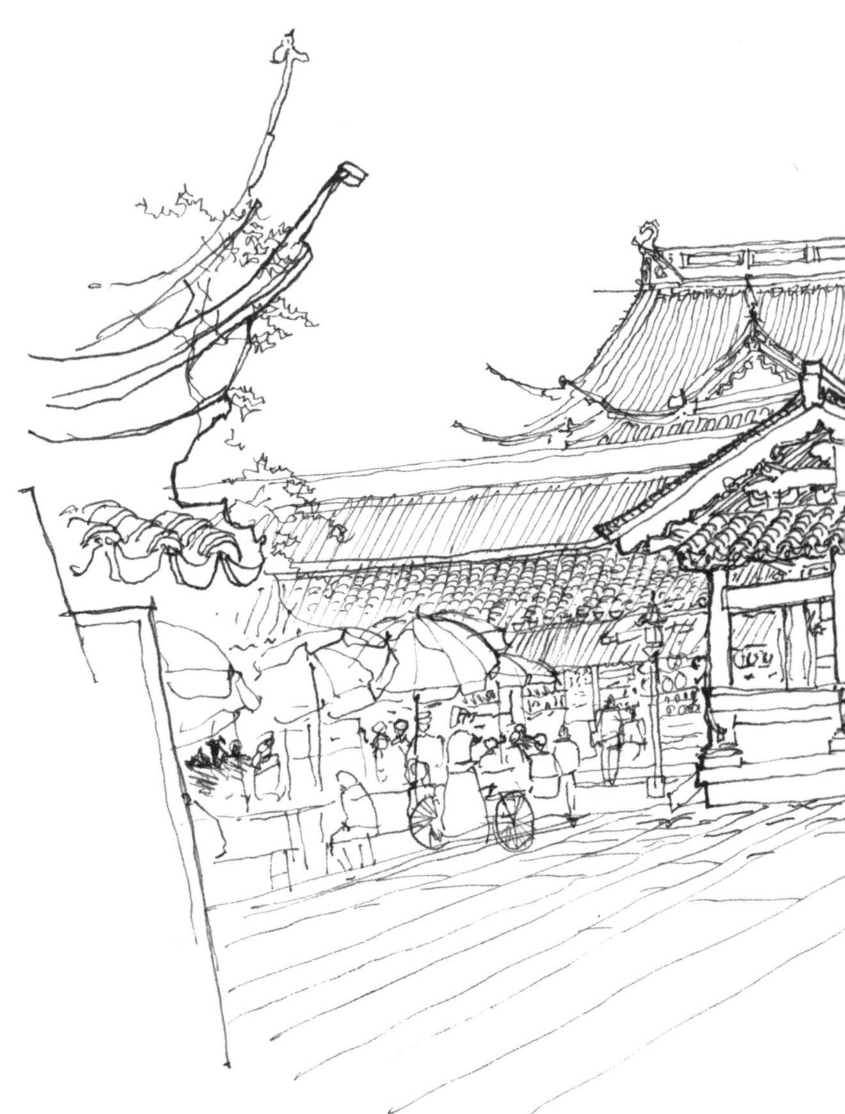

SHOPPING AREA NEXT TO FUZI MIAO. (CONFUCIUS TEMPLE) 9.3.93

◐ Konfuziustempel, Nanjing
20 x 17,8 cm; Füllfederhalter in Skizzenbuch; 30 Minuten

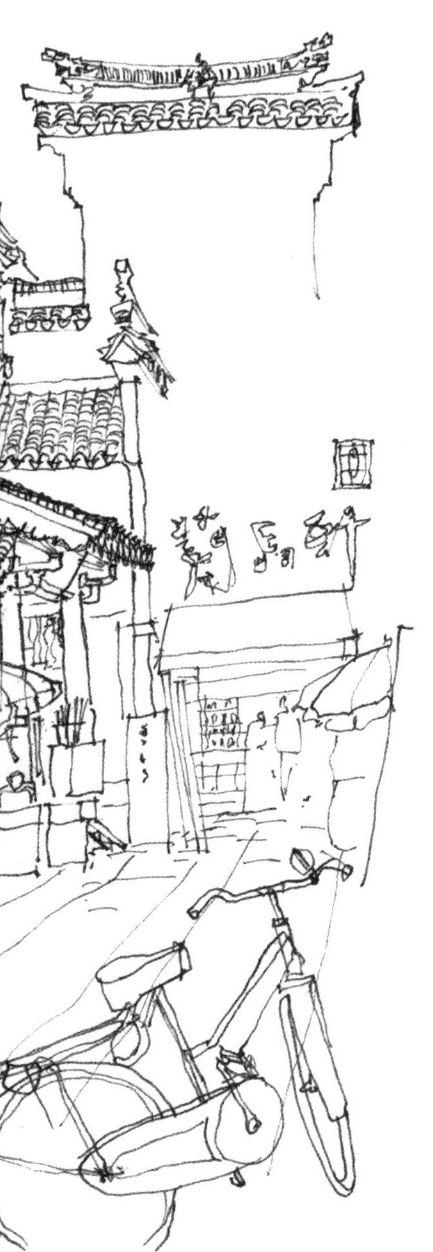

»Gewöhnlich zeichne ich mit einem Lamy-Füller, den ich für ganz dünne Linien so halte, dass die Feder verkehrt herum zeigt. Wenn mich einer fragt, warum, dann erkläre ich ihm, dass ich das taktile Gefühl mag, wenn die Tinte über die Feder auf das Papier fließt. Ich mag die Flüssigkeit, die Prägnanz und die Entschiedenheit von Tinte.«
– Frank Ching

»Ich mag die Einfachheit einer mit Füller gezogenen Linie. Wegen des Kontrastes sind solche Zeichnungen meistens eindrucksvoller als Bleistiftzeichnungen. Auch ohne Grauabstufungen oder Farblasuren entsteht durch sich kreuzende oder überschneidende Linien eine Zeichnung mit Tiefe und Klarheit.« — Teoh Yi Chie

↓ Kampong Glam, Singapur

30,5 x 23 cm; Füllfederhalter Hero auf Aquafine-300-Gramm-Aquarellpapier Daler Rowney; 1,5 Stunden

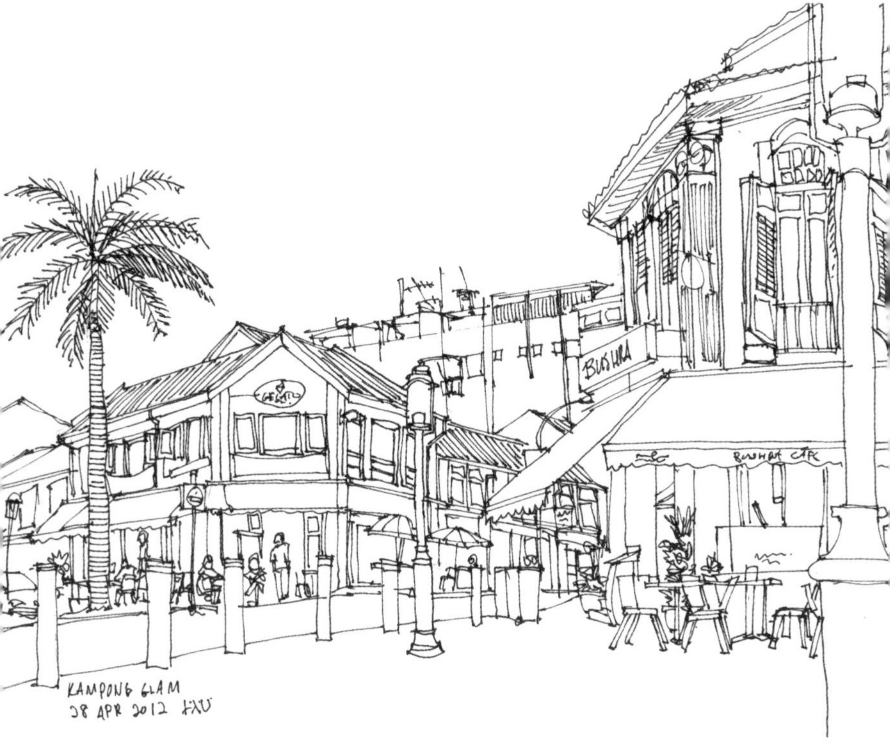

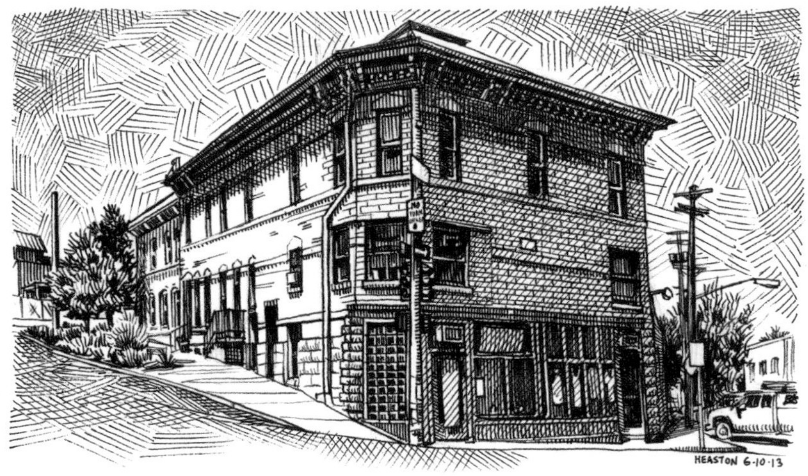

»Ich arbeite am liebsten mit Fineliner, denn das erfordert bei den Entscheidungen eine gewisse Arroganz. Selbst wenn ich die ursprüngliche Komposition zuerst mit Bleistift umreiße, sind meine Linien mit Fineliner, glaube ich, ein bisschen selbstbewusster und ehrlicher.« – Paul Heaston

Ecke 29th Avenue/ Umatilla Street, Denver

21,6 x 14 cm; Pigment-Liner Staedtler in Epsilon-Series-Skizzenbuch Stillman & Birn; ca. 3 Stunden

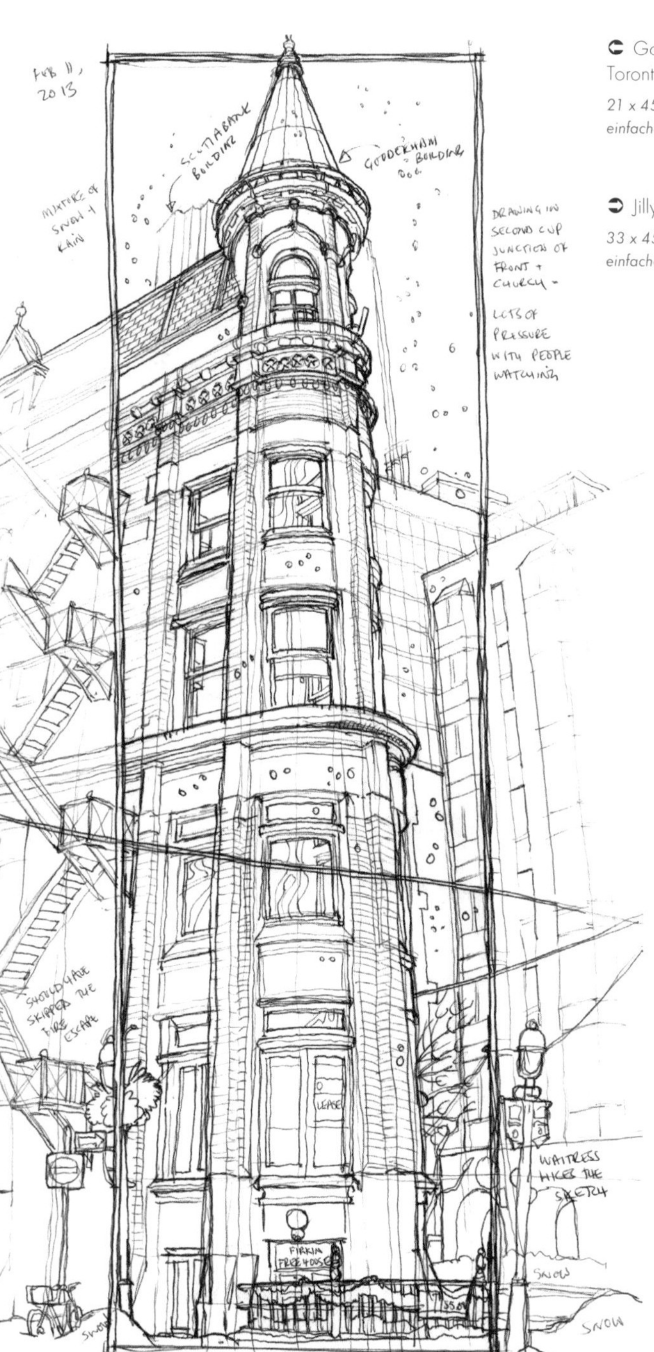

⊂ Gooderham Building, Toronto

21 x 45,77 cm; Kugelschreiber auf einfachem Papier; 2 Stunden

⊃ Jilly's Strip Club, Toronto

33 x 45,7 cm; Kugelschreiber auf einfachem Papier; 2 Stunden

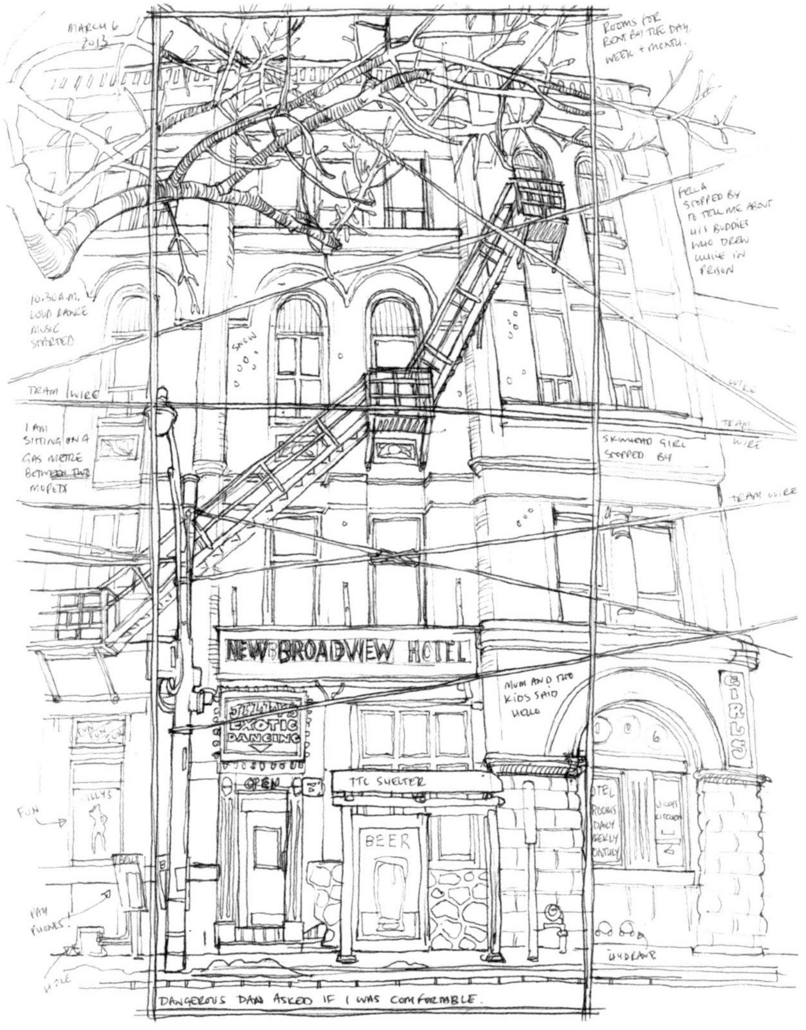

»Der Kugelschreiber ist im wahrsten Sinne allgegenwärtig. Irgendwo liegt fast immer einer herum. Damit kann jeder, ohne einen Cent für besonderes Papier oder Zeichenwerkzeug auszugeben, jederzeit zeichnen. Man braucht nur Motivation. Ich hoffe, meine alltäglichen Kugelschreiberskizzen ermutigen andere, es auch einmal zu probieren.« – Richard Johnson

HIER IST PLATZ FUER IHRE SKIZZE!

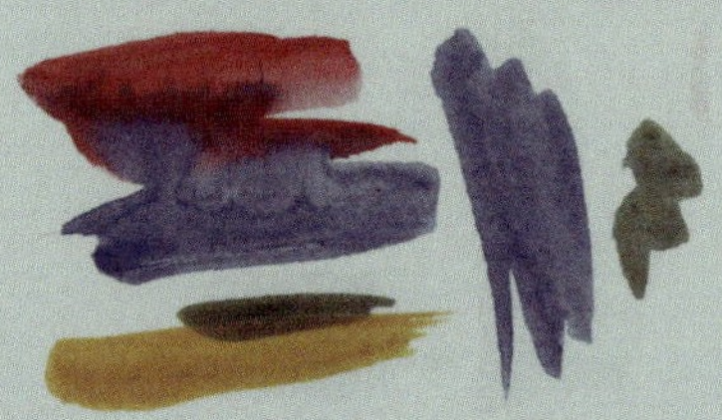

GALERIE III
AQUARELLFARBEN

Architektur mit Aquarellfarben zu zeichnen dauert länger als mit Füller, Fineliner oder Bleistift. Es braucht ja auch Zeit zum Trocknen!

Aquarellfarben können recht eigensinnig sein. Der beste Tipp, um sie zu bändigen, ist, auf das Verhältnis von Wasser und Farbpigmenten zu achten und Farblasuren verschiedener Konsistenz übereinanderzulegen. Der in Montreal lebende Künstler Marc Taro Holmes bemüht sich um drei Konsistenzen: Tee (mehr Wasser als Pigmente für sehr helle Bereiche), Milch (eine undurchsichtigere Mischung aus Wasser und Pigmenten für Bereiche in satteren Farben) und Honig (pastose Mischung aus Pigmenten und Wasser für starke Akzente).

Viele Urban Sketcher kombinieren Aquarellfarben mit anderen Zeichenwerkzeugen, zum Beispiel Tusche. Doch hier möchte ich Skizzen zeigen, die nur mit Aquarellfarben angefertigt wurden oder bei denen allenfalls ganz zart mit Bleistift vorgezeichnet wurde. Sie haben ihre eigene Kategorie verdient.

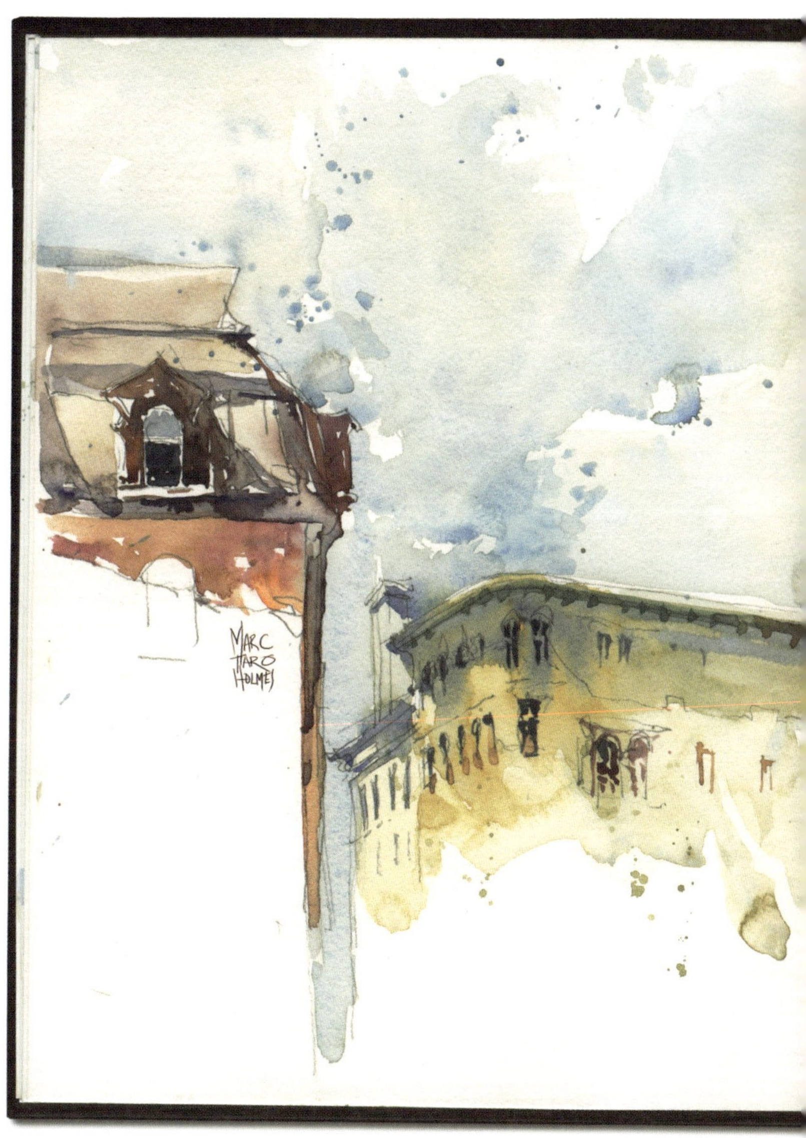

»Halten Sie nur fest, was Sie interessiert, ignorieren Sie den Rest. Die meisten Details, die größten Kontraste, die leuchtendsten Farben sollten sich im interessantesten Bereich überlagern und zum Rand hin sanft auslaufen.« – Marc Taro Holmes

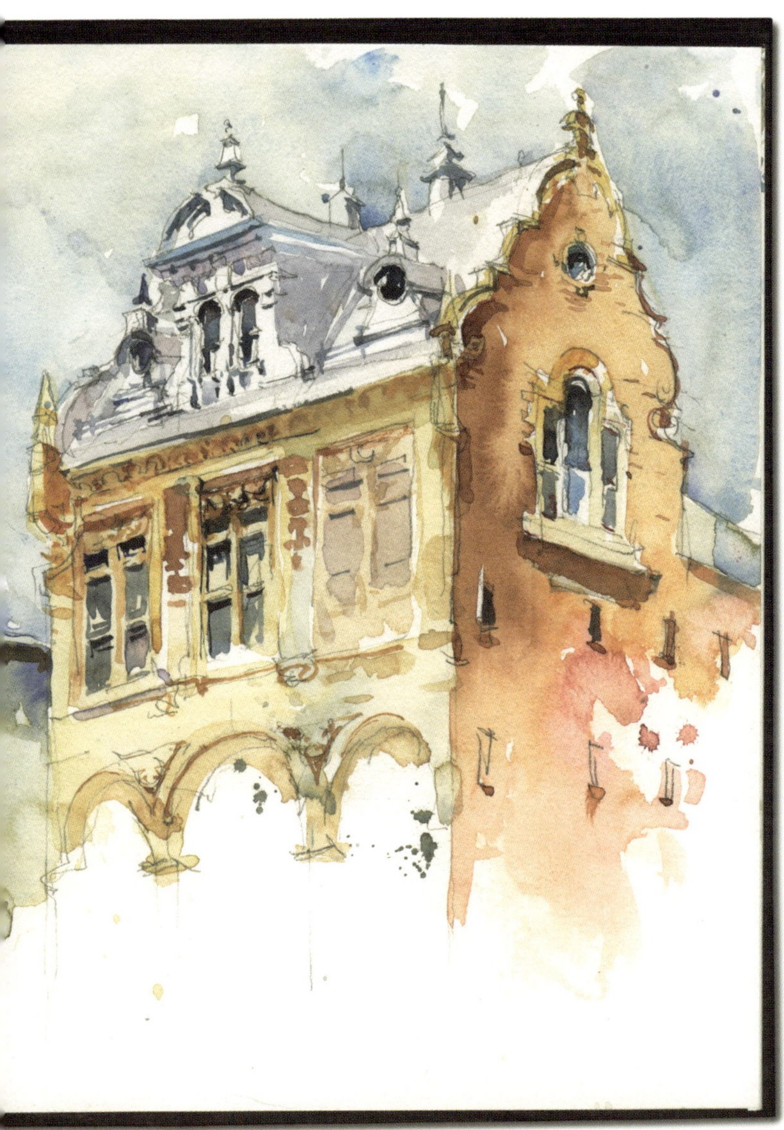

Vieux-Montréal

43,2 x 28 cm; Aquarellfarbe und Drehbleistift 0,7 mm in Beta-Skizzenbuch Stillman & Birn; 45 Minuten

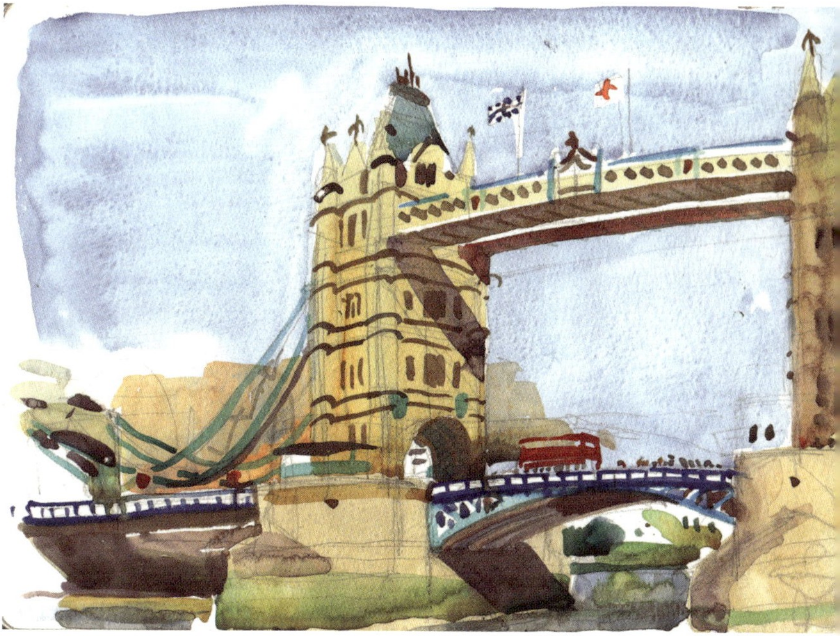

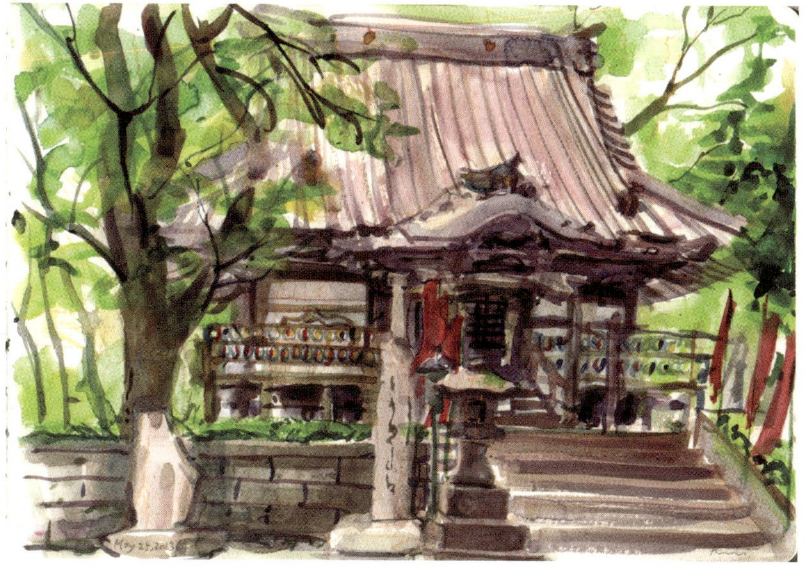

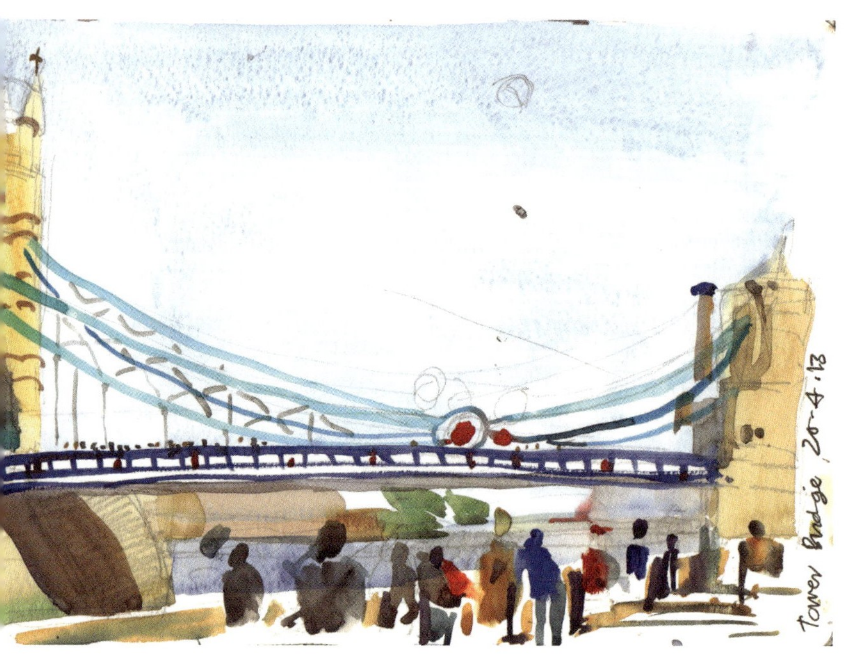

»Beim Zeichnen hatte ich mir angewöhnt, unzählige Linien zu ziehen, um Formen zu schaffen, und ich wollte unbedingt etwas Neues ausprobieren. Ganz auf Linien verzichten konnte ich nicht; die wichtigsten Formen habe ich mit Bleistift umrissen.«

– Lis Watkins

↑ Tower Bridge, London

58,4 x 20,3 cm; Bleistift und Aquarellfarben; ca. 1,5 Stunden

»Architektur mit Aquarellfarben zu erfassen ist für mich ein schneller und leichter Weg, Struktur, Volumen, Atmosphäre sowie Licht und Schatten gleichzeitig einzufangen. Vor allem aber macht es mir so viel Spaß, wie bei der Lieblingsmusik laut mitzusingen.«

– Kumi Matsukawa

← Yakushido, Daigo-ji, Kyōto

30,5 x 20,3 cm; Buntstift und Aquarellfarben in Aquarell-Skizzenbuch Moleskine; 1 Stunde

»Spielen Sie mit geometrischen Formen. Fangen Sie mit dem Dach an, dann die Mauern, der Boden. Achten Sie darauf, dass alles in den Rahmen passt. Vor allem aber: Entspannen Sie sich und genießen Sie es, es wird Ihre Skizze bereichern.« — Emily Nudd-Mitchell

⬆ Villa Strassburger, Deauville, Frankreich

30 x 20,3 cm; Aquarellfarben Sennelier in Tuben, Schmincke und Daniel Smith, aufgetragen mit spezialgefertigtem Pinsel Denis Beaux Arts, A5-Skizzenbuch mit weißem 140-Gramm-Papier; 2 Stunden

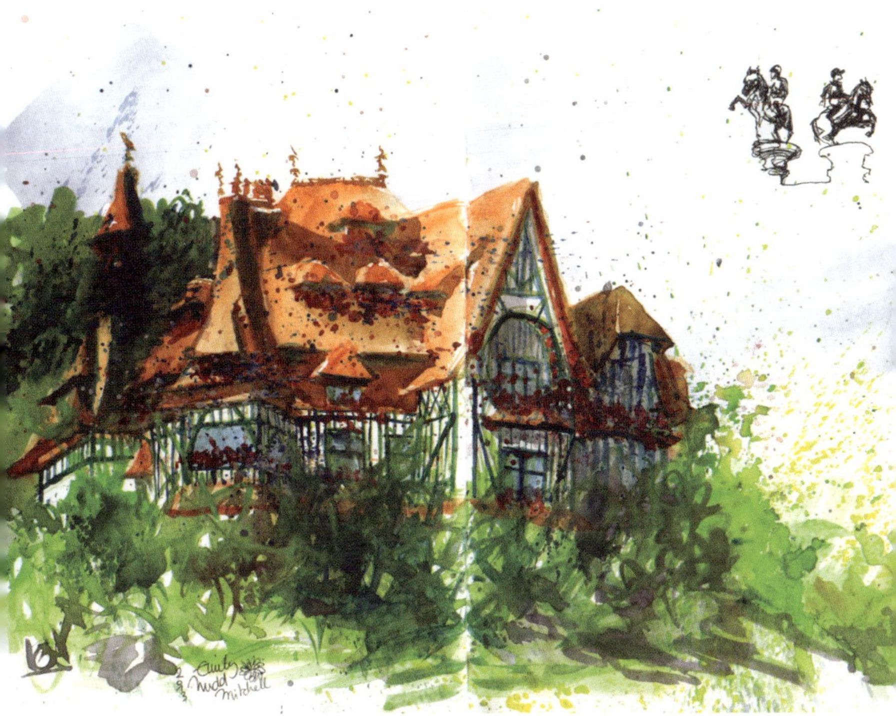

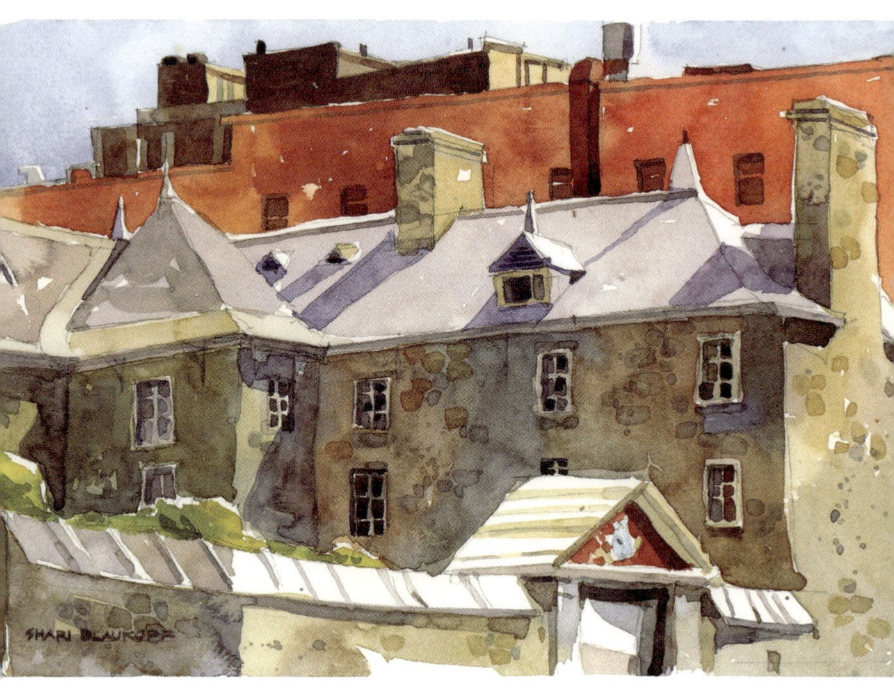

Mauerwerk

28 x 19 cm; Aquarellfarben auf Artistico Feinkorn 300-Gramm-Aquarellpapier Fabriano; ca. 2 Stunden

»Ich liebe es, mit meinem dicksten Pinsel zwei verschiedene neutrale Lasuren aufzunehmen und zuzusehen, wie das Wunder geschieht, wenn die Farben auf das Papier treffen. Mit ein wenig Glück bekommt man an den Gebäuden sehr viele interessante Strukturen, ohne jeden Backstein einzeln zu malen!«

– Shari Blaukopf

HIER IST PLATZ FUER IHRE SKIZZE!

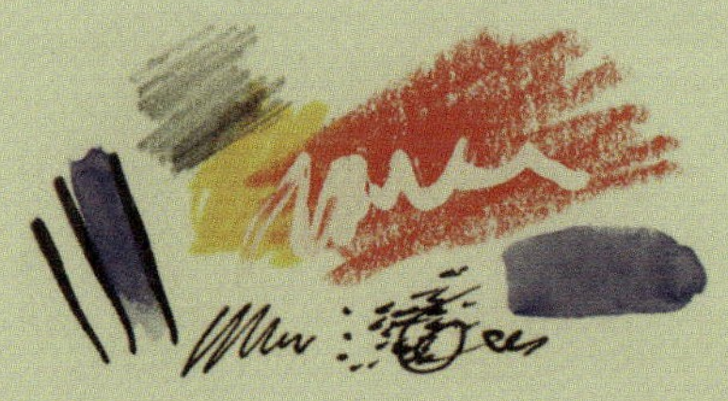

GALERIE IV
MIXED MEDIA

Sie haben Bleistift, Tusche und Aquarellfarben ausprobiert und die Eigenschaften aller Zeichenwerkzeuge kennengelernt. Jetzt ist es an der Zeit, sie miteinander zu kombinieren.

Doch bei diesem Sprung ist Vorsicht angeraten. Die Möglichkeiten sind schier unendlich, doch es erfordert mehr Zeit und Austarieren. Und Ihre Tasche wird viel schwerer! Vorbei ist es mit dem heimlichen Skizzieren – sobald Sie alles auf der Straße ausgebreitet haben, sind Sie ein Künstler.

Versuchen Sie es anfangs mit zwei künstlerischen Werkzeugen: Bleistift und Aquarellfarben oder Tusche und Aquarellfarben. Je mehr Techniken Sie lernen, desto besser sind Sie am Ende für jede Zeichensituation gerüstet.

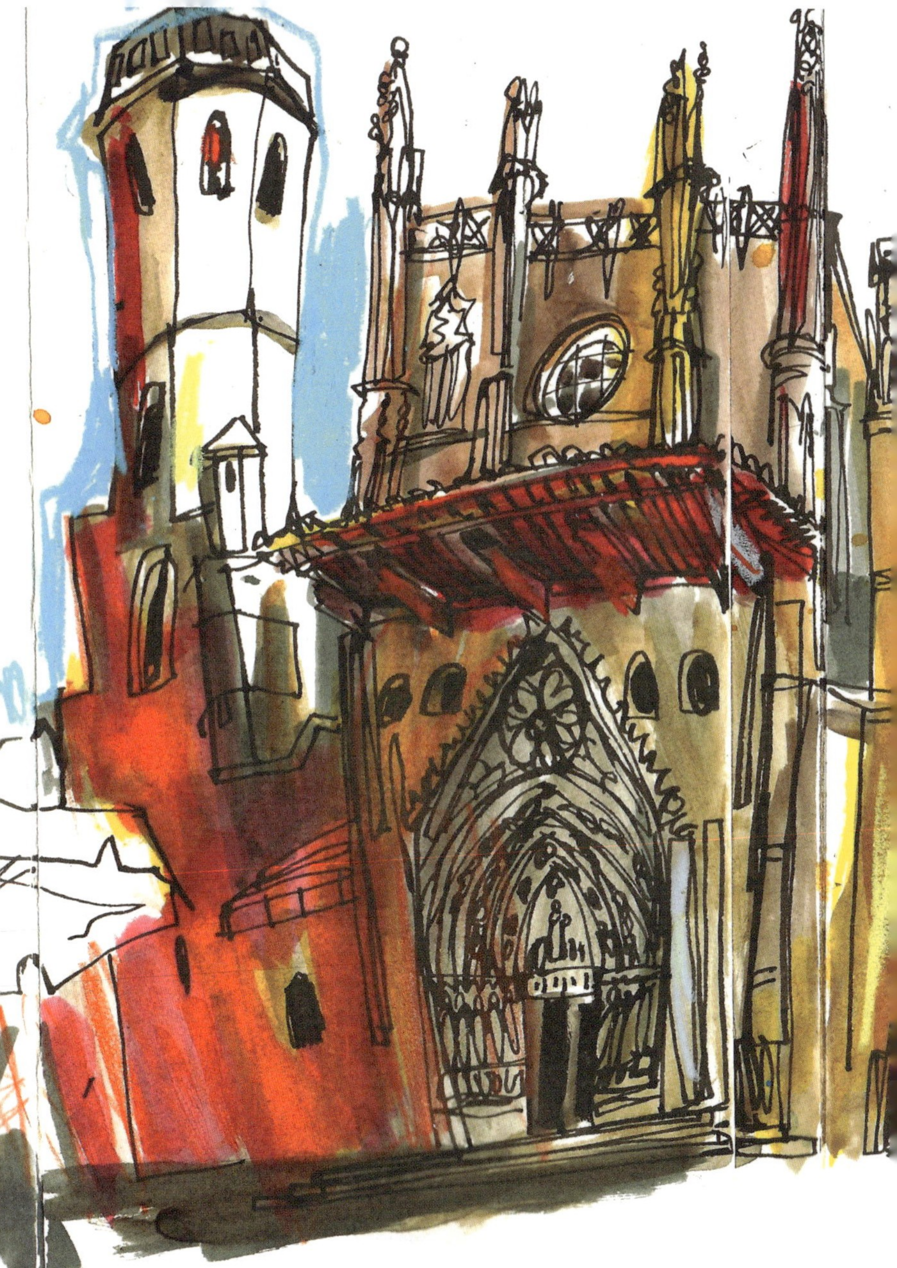

➊ Catedral de Santa María, Huesca, Spanien

30,5 x 23 cm; Füllfederhalter Sailor, Aquarellfarben und wasservermalbare Wachspastelle Neocolor II Caran D'Ache in Skizzenbuch Estudio Ductus mit Papier Cyclus; ca. 30 Minuten

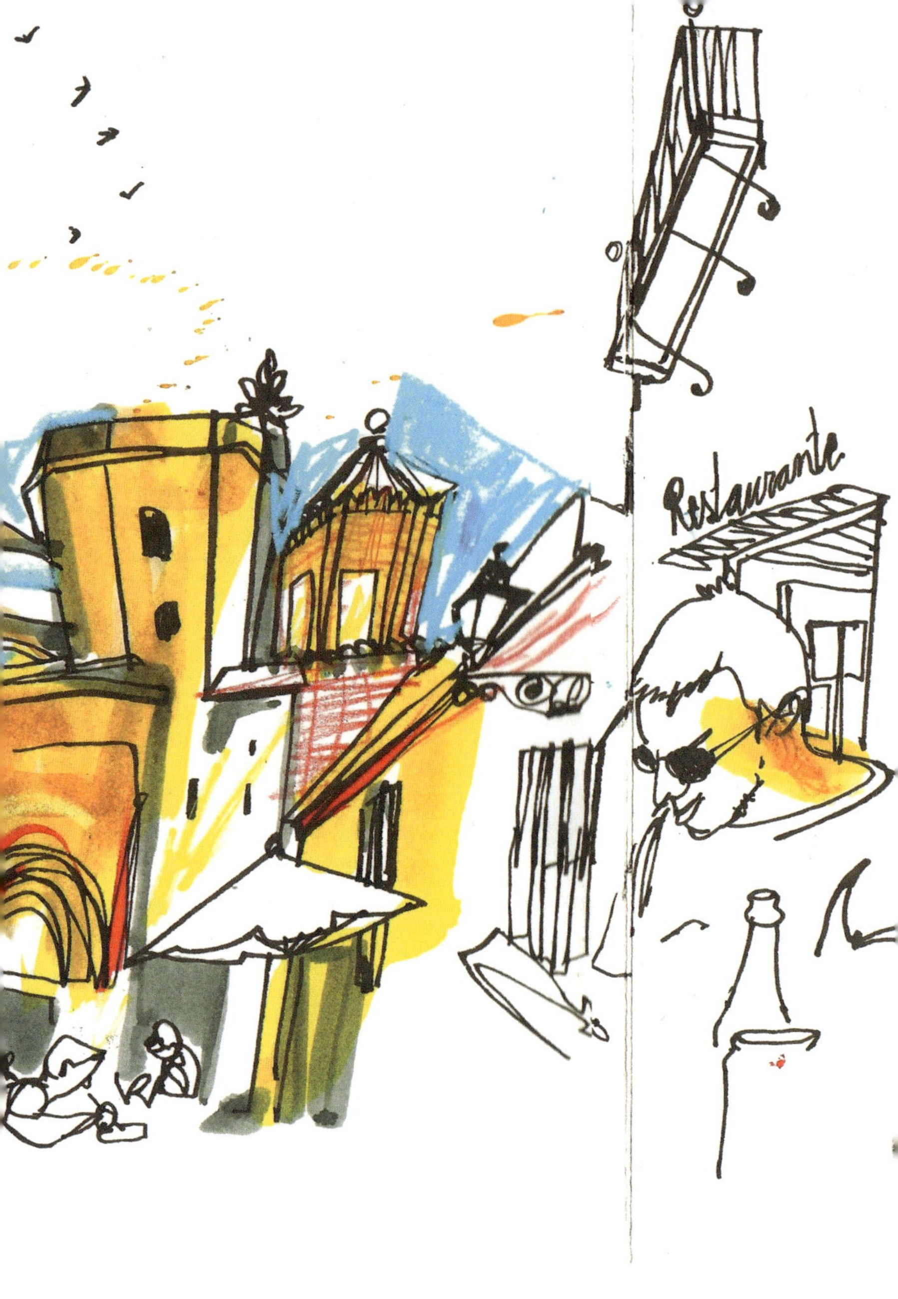

»Gebäude sind steif und massiv. Wenn ich energisch mit Farben, organischen Formen und Verzerrungen arbeite, werden sie lebendig.« – Inma Serrano

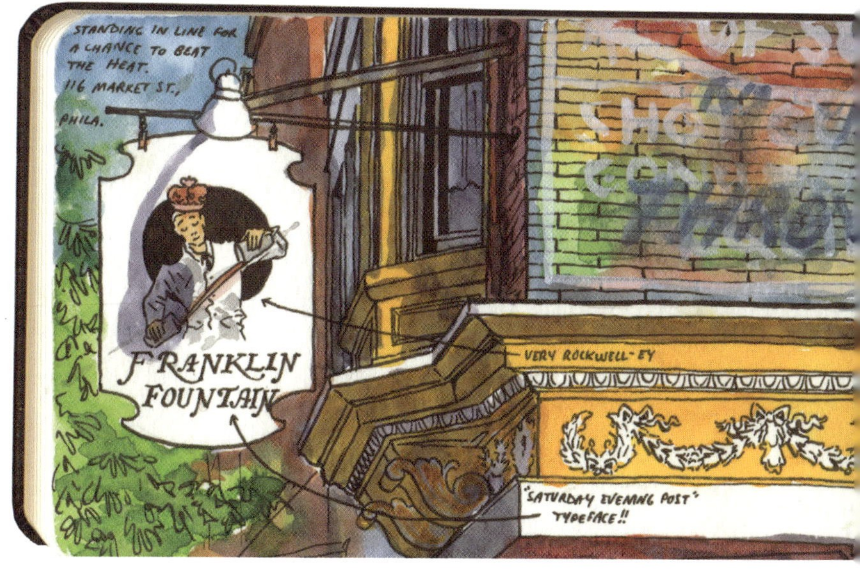

Franklin Fountain, Philadelphia, PA

28 x 9 cm; PITT Artist Pen S Faber-Castell, Aquarellfarben Winsor & Newton und weiße Gouache, französischer Fehhaar-Aquarellpinsel Harmony, runder, spitzer Rotmarderpinsel Winsor & Newton in Aquarellfarben-Skizzenbuch Moleskine; 30 Minuten für das Zeichnen vor Ort, 45 Minuten für das anschließende Kolorieren und die kalligrafischen Details

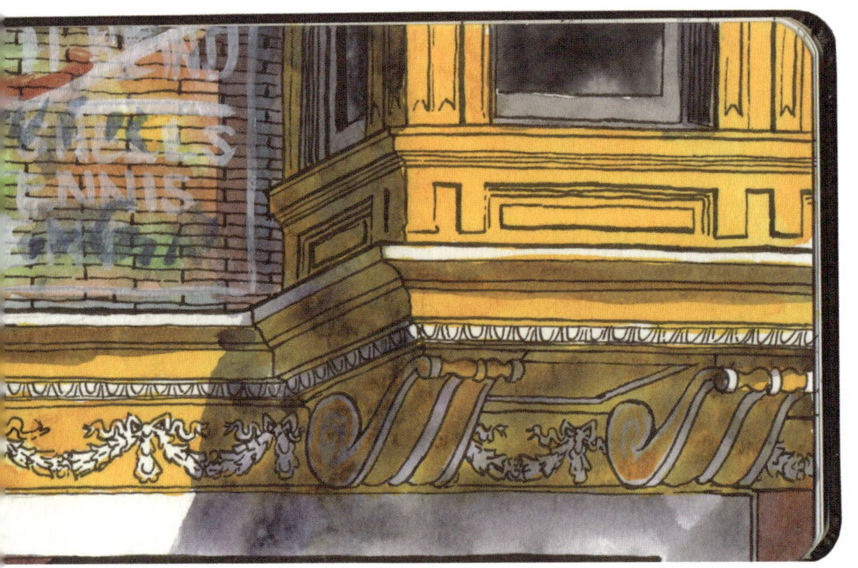

»Beim Betrachten von Gebäuden fühle ich mich normalerweise von reich verzierten Details und sich wiederholenden Mustern angezogen. Als Typografie-Künstler interessieren mich natürlich auch Schilder und andere Schriften auf Gebäuden. Sooft ich auf eine alte, verblasste Gebäudewerbung stoße, hole ich mein Skizzenbuch heraus.«

– Chandler O'Leary

⬆ Josefstrasse, Zürich

25,4 x 20,3 cm; Filzstift Faber-Castell und Aquarellfarben Winsor & Newton auf satiniertem 300-Gramm-Aquarellpapier Clairefontaine; 1,5 Stunden

➡ Mutao Pagoda, Hongsawadee City, Myanmar

17,8 x 25,4 cm; Aquarellfarben und Tinte in Skizzenbuch mit 150-Gramm-Papier; ca. 30 Minuten

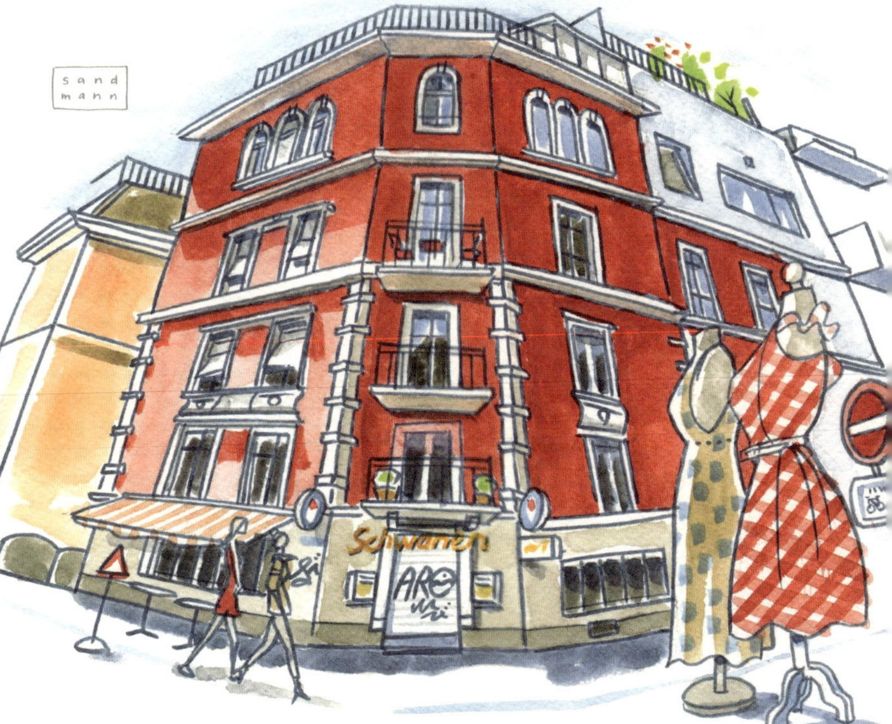

»Wenn ich Gebäude zeichne, werfe ich einen genauen Blick auf wunderschöne architektonische Details, die mir sonst nicht aufgefallen wären.« — André Sandmann

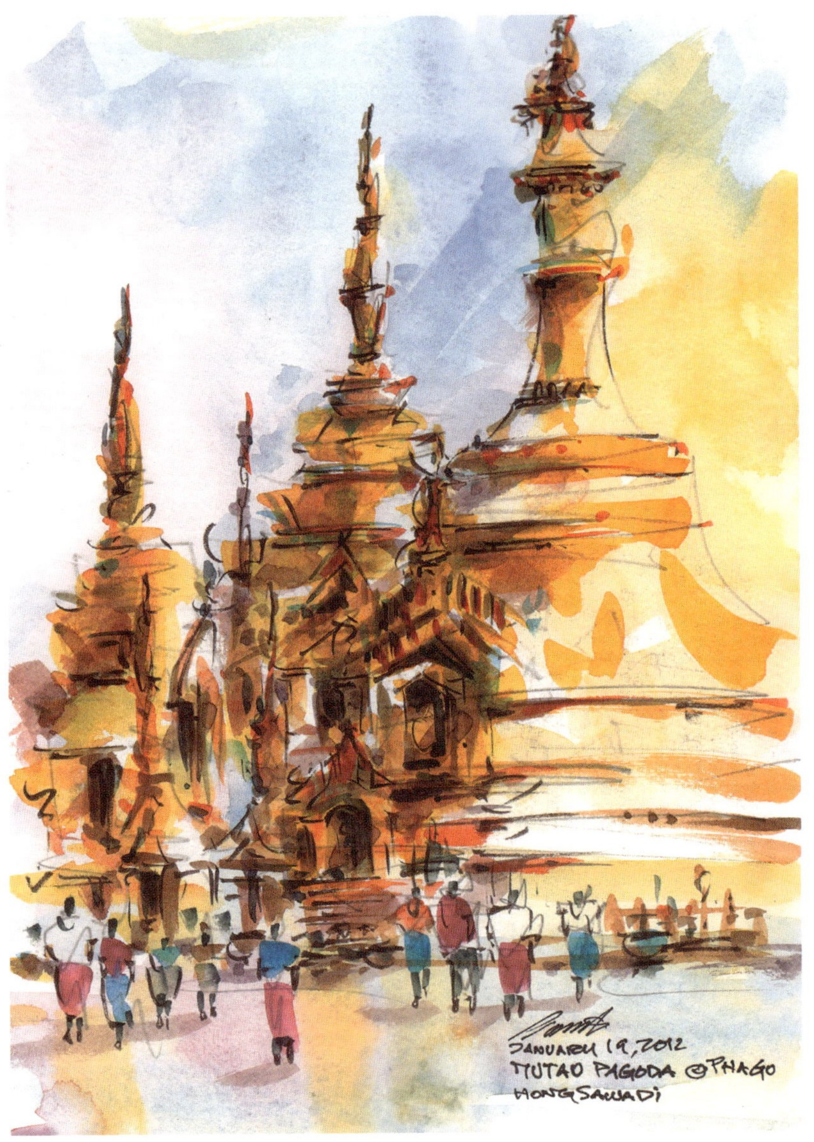

»Den Hintergrund habe ich mit Blau, Rosa und Gelb vorbereitet, danach mit Bleistift die Umrisse skizziert. Mit Aquarellfarben gemalt, Schatten gesetzt, mit einem flachen Pinsel Menschen gemalt. Akzente mit Pinselstift mit schwarzer Tinte.« – Pramote Kitchumnongpan

ETIKETTE

Beim Zeichnen in der Öffentlichkeit treten Sie in Kontakt mit der Welt. Bleiben Sie höflich gegenüber den Menschen, die Sie ansprechen.

Sie haben das Recht, in der Öffentlichkeit zu zeichnen.
Solange Sie nicht unerlaubt Privatgrund betreten, dürfen Sie nach Herzenslust zeichnen, genau wie ein Nachrichtenfotograf nicht belangt werden kann, wenn er auf der Straße fotografiert. Gebäude haben kein »Copyright«. Ein Wachmann darf Sie auch nicht von einem öffentlichen Ort vertreiben, weil sie das von ihm bewachte Gebäude zeichnen. Natürlich hat jedes Land seine eigenen Gesetze – und Sie sollten sich immer an das Gesetz halten –, doch ich denke, wir sind uns einig, dass das Skizzieren zur Meinungsfreiheit gehört.

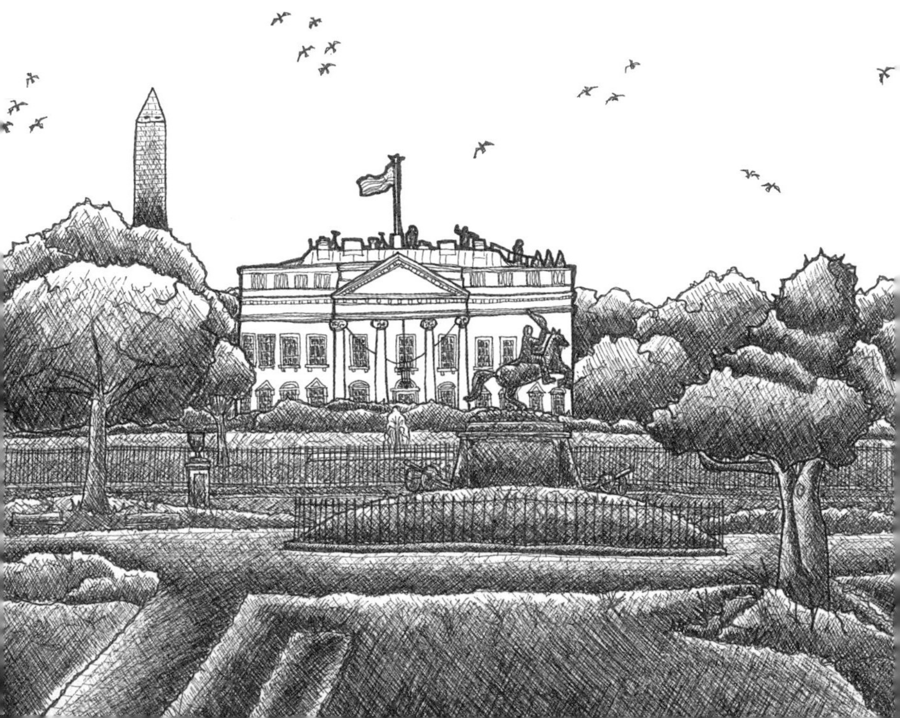

Hübsch. Sind Sie Künstler/Künstlerin?

Wenn Sie auf der Straße zeichnen, bleiben Leute stehen und blicken Ihnen über die Schulter. Lassen Sie sie nicht abblitzen, indem Sie Ihre Arbeit oder Ihre Fähigkeiten schlechtreden oder mit Bemerkungen wie »Es ist nur eine Skizze« oder »Ich bin eigentlich kein Künstler/keine Künstlerin« abtun. Sie möchten doch niemanden beleidigen. Nutzen Sie die Gelegenheiten, sie nach dem Gebäude zu fragen, das Sie skizzieren. Wissen sie vielleicht etwas über seine Geschichte? Beim Urban Sketching geht es darum, in Ihre Stadt oder den Ort, den Sie bereisen, einzutauchen. Wer Kopfhörer trägt oder Gespräche unfreundlich abwimmelt, dem entgeht etwas.

Kann ich die Skizze haben?

Früher oder später will jemand Ihre Skizze haben, das Original oder eine digitale Datei für einen Prospekt, einen Kalender oder um sie an die Wand zu hängen. Das schmeichelt Ihnen womöglich, aber überlegen Sie zweimal, bevor Sie jemandem erlauben, Ihre Kunst zu nutzen. Sie geben die Skizze vielleicht her, weil Sie dafür kostbare Publicity erhalten oder weil ein Verwandter oder Freund Sie danach fragt, aber Sie wollen bestimmt nicht, dass eine Firma sie auf ein T-Shirt druckt, ohne dass Sie eine faire Vergütung erhalten. Damit untergraben Sie auch die Arbeit professioneller Künstler und Illustratorinnen, die mit dem Zeichnen ihren Lebensunterhalt verdienen. Ziehen Sie im Zweifelsfall einen professionellen Illustrator zu Rate. Es ist ganz einfach: Machen Sie den Leuten klar, dass eine Skizze einen Wert besitzt. Mag sein, dass sie in wenigen Minuten entstanden ist, doch ihre Qualität ist das Ergebnis vieler Stunden und Jahre des Lernens und Übens.

⊂ Als er das Weiße Haus zeichnete, wurde Guido Seoanes vom Secret Service angesprochen. »Das ist das dritte Mal, dass wir Sie hier in der Gegend sehen. Was machen Sie hier?«, fragten sie ihn. »Ich mache nur von meiner Freiheit zu skizzieren Gebrauch, Sir«, antwortete er.

GUIDO SEOANES
Weißes Haus, Washington

28 x 22,2 cm; Micron-Fineliner 0.2 bis 0.5 Sakura Pigma in 220-Gramm-Multimedia-Book Holbein; 2 Stunden

ÜBUNGEN

Zeichnen Sie …

1. ☐ eine Fassade
2. ☐ ein architektonisches Detail
3. ☐ was Sie sehen, wenn Sie nach oben/unten aus dem Fenster schauen
4. ☐ einen städtischen Platz
5. ☐ eine Allee
6. ☐ eine Silhouette
7. ☐ städtisches Mobiliar
8. ☐ ein Denkmal oder eine Statue
9. ☐ ein altes/modernes Gebäude
10. ☐ eine Ladenfront
11. ☐ eine flache Straße
12. ☐ eine Straße, die bergan/abwärts führt
13. ☐ eine Gasse
14. ☐ eine breite Straße
15. ☐ ein Gebäude im Bau
16. ☐ ein Gebäude in der Nacht
17. ☐ ein winziges Gebäude
18. ☐ einen Wolkenkratzer
19. ☐ ein Backsteingebäude
20. ☐ ein Holzhaus
21. ☐ ein Bürohaus aus Glas
22. ☐ ein Einfamilienhaus
23. ☐ ein Mietshaus

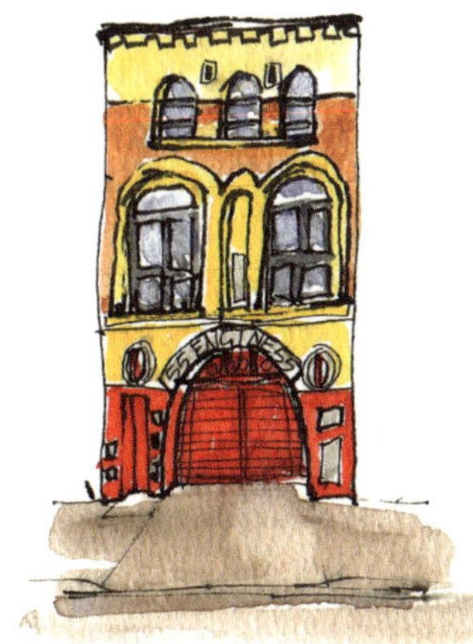

DON MCNULTY
Engine 55, New York City Fire Department

7,6 x 12,7 cm; Kalligrafiefüller Picasso mit abgewinkelter Feder, schwarze wasserfeste Tinte Noodler's, Aquarellfarben Winsor & Newton und Daniel Smith auf 140-Gramm-Aquarellpapier Canson; 40 Minuten

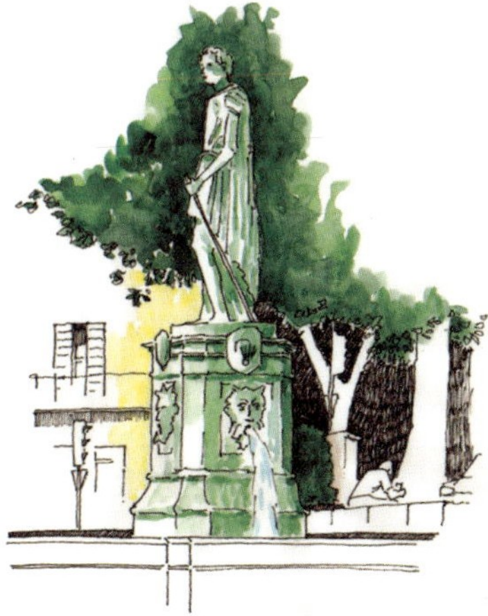

BRUNO AGNES
Springbrunnen, Place St Martin, Montelimar

11,4 x 14,5 cm; Fineliner 0.2 und 0.5 Staedtler und Aquarellfarben Winsor & Newton in 150-Gramm-Skizzenbuch Canson; 2 Stunden

BETEILIGTE KÜNSTLER UND KÜNSTLERINNEN

Afflerbach, Florian *80*
Berlin, Deutschland
www.flaf.de

Agnes, Bruno *36, 109*
Montélimar, Frankreich
flickr.com/photos/brunoagnes

Alade, Adebanji *82–83*
London, Großbritannien
adebanjialade.blogspot.com

Alomar, Richard *19*
New York, USA
nycsketch.blogspot.com

Bajzek, Eduardo *46, 54, 78–79*
São Paulo, Brasilien
ebbilustracoes.blogspot.com

Blaukopf, Shari *99*
Montreal, Kanada
shariblaukopf.com

Boon Sim, Tia *74*
Singapur
tiastudio.blogspot.com

Bower, Stephanie *16*
Seattle, USA
www.stephaniebower.com

Ch'ng Kiah Kiean *81–82*
Peang, Malaysia
kiahkiean.com

Ching, Frank *86–87*
Seattle, USA
www.frankching.com/wordpress/

Curé, Róisín *35*
Galway, Irland
roisincure.com

Dewhurst, Murray *8, 17, 44–45*
Auckland, Neuseeland
www.aucklandsketchbook.com

Dorantes, Norberto *20, 50, 67*
Buenos Aires, Argentinien
norbertodorantes.com

González Dorao, Joaquín *72–73*
Madrid, Spanien
joaquingonzalezdorao.blogspot.com

Heaston, Paul *89*
Denver, USA
paulheaston.blogspot.com

Hobbs, James *71*
London, Großbritannien
james-hobbs.blogspot.com

Johnson, Cathy *63*
Kansas City, USA
www.cathyjohnson.info

Johnson, Richard *90–91*
Washington, DC, USA
newsillustrator.com

Kardos, Stéphane *31, 47*
Los Angeles, USA
stefsketches.tumblr.com

Kitchumnongpan, Pramote *107*
Bangkok, Thailand
www.flickr.com/photos/pramote/

Lawlor, Veronica *64*
New York, USA
www.veronicalawlor.com

Lerdo, José María *55*
Sevilla, Spanien
www.flickr.com/photos/jmlerdo/

Linhares, Mário *21, 51, 72–73*
Lissabon, Portugal
hakunamatatayeto.blogspot.com

Lynch, Fred *53*
Boston, USA
www.fredlynch.com

Matsukawa, Kumi *96*
Tokyo, Japan
www.flickr.com/photos/macchann/

McNulty, Don *110*
Vancouver, Kanada
donmcnulty.blogspot.com

Nudd-Mitchell, Emily *37, 98*
Lyon, Frankreich
emilysdrawings.blogspot.com

O'Leary, Chandler *104–105*
Tacoma, USA
drawntheroadagain.com

O'Reilly, Roger *18*
Dublin, Irland
rodgeart.com

Reddy, Steven *75*
Seattle, USA
stevenreddy.blogspot.com

Reim, Melanie *9, 70*
New York, USA
sketchbookseduction.blogspot.com

Ridyard, Simone *28–29*
Manchester, Großbritannien
simoneridyard.blogspot.com

Ruiz, Luis *66–67*
Málaga, Spanien
luisrpadron.blogspot.com

Sandmann, André *106*
Zürich, Schweiz
www.sandmann.ch

Schloesser, Manfred *65*
Bremen, Deutschland
www.flickr.com/photos/manfredschloesser/

Seoanes, Guido *108*
Washington, DC, USA
www.flickr.com/photos/guidosp/

Serrano, Inma *102–103*
Sevilla, Spanien
dibujosypegoletes.blogspot.com

Shirodkar, Suhita *34*
San José, USA
sketchaway.wordpress.com

Taro Holmes, Marc *94–95*
Montreal, Kanada
citizensketcher.wordpress.com

Wang, Paul *60*
Singapur
fireflyworkshop.blogspot.com

Watkins, Lis *96–97*
London, Großbritannien
lineandwash.blogspot.com

Webber, Michael *40*
Seattle, USA
www.flickr.com/photos/steelforest/

Wong, Gail *56–57*
Seattle, USA
glwsketchworks.blogspot.com

Yi Chie, Teoh *61, 88*
Singapur
www.parkablogs.com

DANK

Ich danke allen Zeichnern, die mir für dieses Buch ihre Arbeiten zur Verfügung gestellt haben, und der Seattle Times für die Erlaubnis, Skizzen hier zu veröffentlichen, die ich für meine Zeitungskolumne gezeichnet habe. Dieses Buch wäre nicht möglich gewesen ohne die Unterstützung meiner Familie und die Ermutigung und den Rat meiner Lektorin bei Quarry Books, Mary Ann Hall.

ÜBER DEN AUTOR

Gabriel Campanario ist Journalist und Illustrator der Seattle Times und Gründer der UrbanSketchers.org, einer gemeinnützigen Online-Gemeinschaft, die sich der Kunst des Zeichnens vor Ort verschrieben hat. Er lebt mit seiner Frau und seinen zwei Kindern in der Nähe von Seattle. Seine Arbeiten für die Zeitung können Sie sich auf seattletimes.com/seattlesketcher ansehen und ihm unter @seattlesketcher auf Twitter folgen.